记忆东山

DONGSHAN AS REMEMBERED

老洋楼里的人和事

吴伟鹏 雷鸣夏 何志达 陈梦醒 编著

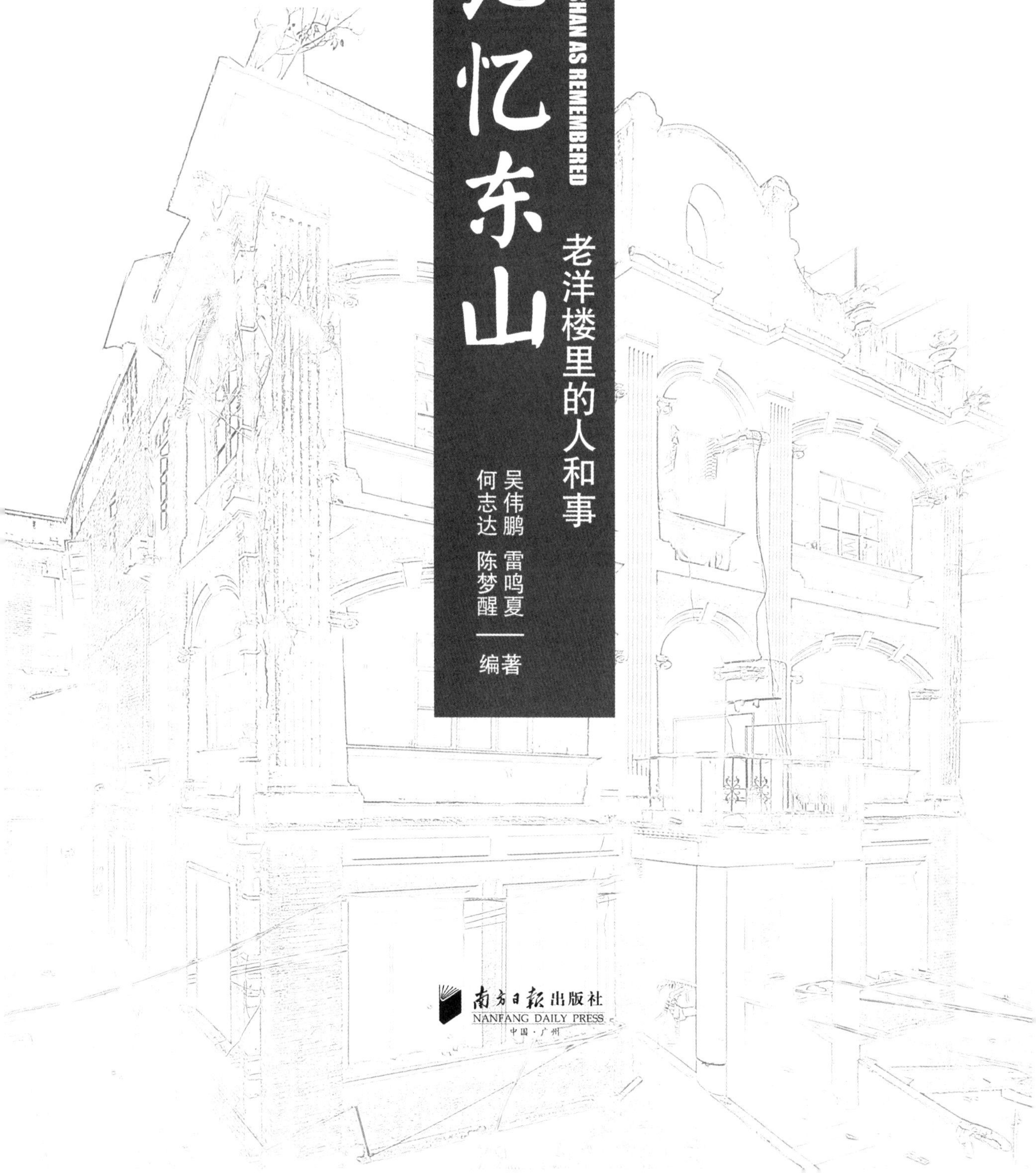

南方日报出版社
NANFANG DAILY PRESS
中国·广州

图书在版编目（CIP）数据

记忆东山：老洋楼里的人和事／吴伟鹏等编著. —广州：南方日报出版社，2020.8
ISBN 978-7-5491-2183-0

Ⅰ. ①记… Ⅱ. ①吴… Ⅲ. ①区（城市）—地方史—广州 Ⅳ. ①K296.54

中国版本图书馆CIP数据核字（2020）第081206号

Jiyi Dongshan
记忆东山——老洋楼里的人和事

编　　著　吴伟鹏　雷鸣夏　何志达　陈梦醒
出版发行　南方日报出版社
地　　址　广州市广州大道中289号
出 版 人　周山丹
责任编辑　方　明　杨柳青
封面设计　佃燕婉
内文排版　刁俊锋　黄隽琳
责任技编　王　兰
责任校对　裴晓倩
经　　销　全国新华书店
印　　刷　广州市岭美文化科技有限公司
开　　本　889毫米×1194毫米　1/16
印　　张　16
字　　数　256千字
版　　次　2020年8月第1版
印　　次　2020年8月第1次
定　　价　68.00元

投稿热线：（020）87360640　**读者热线：**（020）87363865
发现印装质量问题，影响阅读，请与承印厂联系调换。

序一

新河浦居委会组织编写《记忆东山——老洋楼里的人和事》，旨在展现这一地区丰富的历史文化底蕴，甚有意义，我很认同。

我1964年大学毕业被分配到广东省委机关工作，从此落户新河浦，成为东山居民的一员，数十年来生活于斯、工作于斯，我的东山情缘，有增无减。

东山虽是弹丸之地，却发生过影响中国历史进程的伟大事件。1923年，中国共产党在恤孤院路31号召开了第三次全国代表大会，陈独秀、李大钊、毛泽东、蔡和森、罗章龙、谭平山等革命先驱出席了会议，会议作出了国共合作的重要决定，建立了革命统一战线，推动了北伐战争的胜利。

20世纪20年代的东山是风云际会之地，许多重要人物都曾居于此：共产国际的代表马林、苏联顾问鲍罗廷与加仑就曾居于新河浦的春园，孙中山、周恩来均曾坐电船到春园找鲍罗廷等顾问开会；毛泽东与夫人杨开慧在东山居住长达一年；彭湃在东山创办了农讲所；刘少奇也曾在越秀南路的中华全国总工会从事工人运动，并在广州当选中华全国总工会副委员长；邓颖超、蔡畅等老一辈无产阶级革命家均曾在东山进行革命活动。新中国成立后，党和国家领导人叶剑英、杨尚昆、习仲勋、廖承志、陶铸等亦曾在东山工作与生活。国民党的代表人物孙中山、宋庆龄、孙科、廖仲恺、何香凝、宋子文、胡汉民、朱执信、蒋介石、白崇禧、谭延闿、阎锡山、陈济棠等也曾与东山结缘。

中国人喜欢讲人杰地灵，东山正是如此。这一方土地，毗邻母亲河珠江，交通便利、土地平坦、易于开发。20世纪初，爱国华侨纷纷投资开拓东山，连片发展房地产事业，带动了新式学校、医院及慈善公共事业（恤孤院、安老院、瞽目学校）的兴办，促进了当时市政府对于模范村建设的规划与实施。广州的飞机场、火车站、公共汽车、电车及出租汽车服务，均由东山起步；全省第一个农村试验场也在东山；广州市第一个自来水厂和现代化屠宰场，选址亦离不开东山；全省最早的运动会、广州第一个水上体育会，还是成事于东山。可以说，羊城走向现

白云路上的白云楼，大文豪鲁迅20世纪20年代曾居于此（资料图片）

代化，东山起到了先驱作用。

东山历来是高级知识分子成堆的地方，留洋海归不在少数，当中不少人学术精湛，著作等身，事业有成，造福人民，名扬海内外。每当我们缅怀起鲁迅、茅盾、欧阳山、冼星海、马思聪、陈树人、黎民伟、傅斯年、顾颉刚、陈心陶、王力、陈丕扬、薛觉先、白驹荣、马师曾、红线女这些响当当的人物，想到他们与东山的渊源及缘分时，怎能不对海纳百川的东山肃然起敬？

尽管东山作为一个行政区域已不复存，但她的辉煌历史、深厚文化、人文情怀值得我们继续去发掘、整理、研究、继承。本书可谓得风气之先，不失为一次有意义的尝试，但愿它受到读者的欢迎和喜爱！

陈开枝

2020年6月

序二

记陈开枝二三事

——老东山话老东山

广州市政协原主席、广州市政府原常务副市长陈开枝先生为《记忆东山——老洋楼里的人和事》写了很好的序言，为本书增添光彩。

笔者与陈开枝见过几面，但由于他阅人无数，估计是我认得他，但他不认识我。

我们的第一次交集是在华南师范学院（现华南师范大学），我1963年入学，他1964年毕业，同校为期一年。陈开枝念政治系，笔者上外语系，本为“井水不犯河水”，但是当时文科生均住在西区（十三至十五宿舍），又共同用一个饭堂（第四膳堂），因此亦是朝见口晚见鼻，时不时碰面乃大概率事件。当然，隔系如隔山，即使晤面也是生人。

与陈开枝面对面交谈则是1995年的事了。是时笔者作为在纽约上市的苏拿国际集团中国区总裁正与广州市白云区洽谈投资设厂的事。有一天，亚洲区总裁娄欧文来穗，在花园酒店宴请白云区陈耀光区长，陈区长把上司陈开枝副市长也请来了。大家相谈甚欢，由我即时翻译。在对话中，陈氏突然一脸严肃，煞有介事地说：“我生病了，患的是‘艾滋病’。”我闻言错愕，正踌躇是否译出该语；陈开枝却话锋一转，接着说道：“这个是‘爱资病’，第二个字是‘资’而不是‘滋’，我是喜爱来自国外的投资。”我立刻释然，且对陈校友的睿智幽默与诙谐有趣感到敬佩。

陈开枝（中）与笔者（左）及笔者上司交谈（雷鸣夏供图）

不久之后再会陈开枝是在母校。华师校友会理事会成立并举行第一次会议，我们俩均在座。陈在会上发言，态度诚恳，没有官腔。所讲的内容有点出人意料，他认为校友会理事应更具广泛的代表性。华师毕业生大部分工作在教学第一线，所以理事中应有更多来自学校的人，尤其是奋斗在穷乡僻壤与边远山区的教育工作者。他又建议减少理事会中官员及名人的数量，认为只有这样才能使理事会真正贴近广大校友，并把他们团结在理事会的周围。陈开枝的讲话获得了热烈的掌声，这一番肺腑之言体现了他接地气、亲民的一贯作风。

接下来数年没有机会再见到陈开枝，但通过报纸及民间传闻，有时亦会知道他的动向及作为。比如轰动一时的拆毁白云山违章建筑事件，听说陈是顶着巨大的压力逆风而行的。他甚至不惜冒着被人摘去乌纱帽的风险，坚持秉公办理，不肯屈从于某些人的私利或部门的利益。又比如新闻报道说陈开枝离任市政协主席之时，热情地邀请全体委员至二沙岛塞纳河餐厅参加他的告别宴会。陈在致辞时说，他是自掏腰包请客，并非使用公款，该餐厅是其公子拥有和经营的。听到有关陈开枝的消息更多是他退休后全力参与扶贫工作的事迹。陈氏不光是动动口，动动笔，动动钱包，而是事必躬亲，以老迈之身深入边疆赤地及崇山峻岭，不辞劳苦地来回奔波，既授人以鱼，更授人以渔。他出主意，送办法，在脱贫上真抓实干，不讲空话。陈开枝乐此不疲，持之以恒，在扶贫事业中屡收成效，成为全国闻名的英模人物。

最近再与陈开枝相逢，是2018年在新河浦社区居民委员会举办的老街坊联谊会上。我曾住新河浦三横路37号，陈开枝从1964年起长住省委家属院内，其实大家都是老街坊、老邻居了。陈开枝当日下午就要飞西藏扶贫，但上午还是兴高采烈前来赴会。在饭桌上，他徇众要求作即兴演讲，述及自己对东山、对新河浦的深厚感情，以及对济济一堂的老邻里、老熟人的念想关切，更讲到了他最为上心的扶贫进展，赢得了隔篱邻舍的如雷掌声。只见陈开枝言毕即匆匆扒了几口饭，然后马上离开会场向白云机场驱车而去。

望着陈开枝的身影，我对这位老校友、老街坊的敬意油然而生。是为序。

雷鸣夏

2020年6月

目录

DONGSHAN

AS REMEMBERED

东山记忆

第一章

东山名园

DONGSHAN HOUSES

曹冠英的慎园

口述：曹国裕　　整理：张启斌、周俊生
时间：2016年11月　地点：广州新河浦聊聊吧

编者按：坐落于广州培正路的慎园[1]系民国企业家曹冠英的住宅，其别具地中海风情的设计常引得游人驻足欣赏。曹冠英所经营的美丽牌香烟在民国曾风行一时，还被写进了民国的地理教科书。曹国裕是曹冠英之子，1933年生，培正中学退休老师，他亲眼见证了家族和慎园的变化与盛衰。以下是曹老师的讲述。

一、父亲与美丽牌香烟

提到慎园，大抵在大多数人眼里那只是一栋与简园相邻的漂亮的洋房，而我眼中的慎园恐怕与大多数人都是不同的，我在这里出生、长大，三代人都生活在这里。对慎园而言，我是一个顶老的人了。我是慎园的老人，但再老也老不过慎园的历史。我偶尔追忆往事，便不免想起父亲。

我出生于1933年，祖籍浙江宁波。我祖父一辈在宁波多是做生意的，父亲也沿袭着这样的传统，他是个生意人也是个读书人[2]，中学毕业后就和姓陈的同学一起搞卷烟，那时他的华成烟公司在全国是数一数二的。这可不是我道听途说来的，解放战争前的高中地理课本里就有关于父亲烟草公司的介绍，据说华成烟公司最早还在上海滩刊出了抗日宣传广告哩！在20世纪30年代的报纸、电影、马路上，都可以看到父亲公司的美丽牌香烟广告。父亲那时的生意还是很红火的，

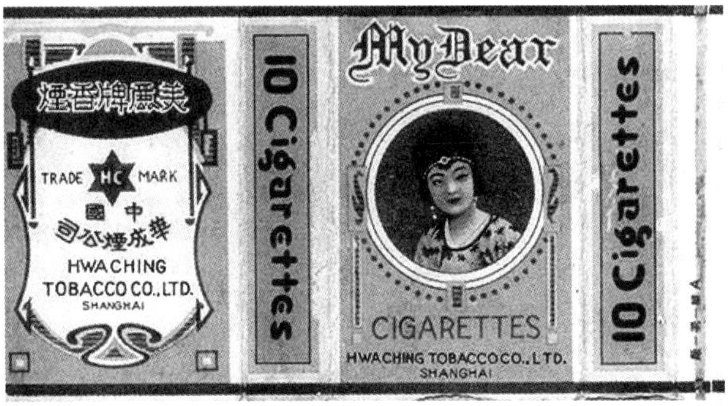

美丽牌香烟

[1] 慎园由著名留美建筑师雷佑康设计。

[2] 那个年代很少有读大学的，像曹国裕父亲这种中学毕业的已经算得上是“举人”了。

培正路的植园（吴伟鹏摄）

所以那时公司的文职人员的生活也是很体面的，他们可以住洋楼，上下班公司有车接送；女士穿旗袍，男士穿西装，个个风度翩翩。

华成烟公司在全国各地都有分公司，父亲20多岁来广州，负责公司在南方的业务，他主要的工作就是在各地做推销。父亲到了30多岁才娶了我的母亲[1]，母亲在庙前西的两广浸信会医院[2]生下了我，从此我就与东山结缘。

二、教会开发东山

常有人来问我：东山以前怎么样？我也不知从何讲起，因为清朝之前的东山怎么样，我也是不知道的。我对东山的了解，大抵是从它19世纪80年代的往事开始的，我觉得东山今日的繁华大抵也与那个时候相关。

据说东山这一带的人之所以会越来越多，是源于美国的传教士。能从国外来中国传教的人，基本都是有一些钱财的。他们初来乍到，自是没有人信他们的，但传教士们远比当时的东山人有办法。他们见那时东山的地很便宜，便在东山买地建教会，还在寺贝通津（现在团省委所在地）办了神学院，培养中国人做牧师。由于那时在东山的人们多数还是信佛的，很多人还是不接受基督教，所以后来传教士们就在买来的地上，办起了学校、养老院、孤儿院。对于贫穷的中国人而言，有免费的书读，有免费的地方住宿，自然是不会错过的。

传教士办的学校里不只教语文、数学，还教圣经、英文。他们还办医院，送医赠药。当时西医治病比中医疗效快，愿意去领药的人自然也就多，那个年代，在西医面前中医是没有什么竞争力的。

旧社会没有钱养老，很多家庭也没有钱养孩子，所以美国教会办的养老院和孤儿院也是很受欢迎的。其实那个时候的养老院基本是不用花什么钱的，管老人们几顿吃的，他们彼此之间便可以互相照顾了。而在孤儿院的女孩们就吃点代乳粉[3]，养到十多岁大，就可以出嫁了。有些穷苦人家的孩子找不到老婆，就去孤儿院找，他们给孤儿院一笔钱就可以把老婆娶回家了。一般在孤儿院的孩子可以养到20多岁，出去挣了钱的孤儿们大多也是知恩图报的，所以孤儿院还能赚些钱哩。

那时的教会不仅建孤儿院和学校，还帮很多人找到了工作。

[1] 曹国裕母亲是顺德伦教羊额村人，她把乡下很多无工可做的叔伯兄弟都介绍到了丈夫的公司。

[2] 位置在现在庙前西的金城宾馆。新中国成立后，两广医院被政府接收改为海军医院。后海军医院迁往石榴岗，这里由战士文工团接用。

[3] 代乳粉系用黄豆磨碎，加上蛋白粉制成，从前牛奶是很少的，对于那个年代的孩子们而言，有蛋白粉吃就已经很稀罕了。

20世纪80年代慎园内部（资料图片）

教会办养老院、孤儿院，学校也需要很多人，大家各取所需，东山的人就一点一点多了起来。很多的华侨、企业家、官僚、教师、医生见这里居民多了，现代化设施也齐备了，自然也就在这里安家落户了。

我父亲也是在东山结庐的其中一员，他在东山买了地，就在培正路。那里原本是一个果园，房子都是东一间、西一间的，路也是泥土路，弯弯曲曲的。我出生的那一年，父亲在那块土地上盖起了新房子。

三、战火中的“东山少爷”

如今竟还有人笑称我“东山少爷”，我都笑而不语，我80多岁了还“少爷”！他们以为“东山少爷”都是养尊处优，不食人间烟火的，却不知国难当头，“东山少爷”也一样颠沛流离，人离家散。“东山少爷”这个阶层，是从外国人到东山这里建教会、学校开始到广州沦陷，实际上才存在了30年左右。因为广州沦陷之后，所谓“东山少爷”“西关小姐”的社会基础已不复存。

1937年的东山，惨遭战火蹂躏。那时日本人从天上丢下来的炸弹多是十几斤重的燃烧弹，一架飞机是可以载很多的，东山的建筑又多是砖木结构，一个又一个燃烧弹砸下来就把民居烧得不成样子了。抗战期间我们东山家的屋子也中过炸弹，但好幸运，它只是烧了一会儿，没把屋子烧坏。

经过南京大屠杀的教训之后，父亲赶紧把全家和公司的高级职员迁到梧州，那年我才四岁。我们当时真的挺困难，我们一家本来是三兄弟外加一个姐姐，但我姐姐就是在空袭之中遇难了。所以所谓的“东山少爷”，在这种战争时期，他们的生死存亡跟一般的贫苦百姓是没有任何区别的。1943年开始，父亲重启经营。因为当时战争期间物资缺乏，我们花了两三年才把房子修缮好。

四、日据时期的东山

日据时期整个东山（包括东华路、署前路、东山口、中山一路、中山二路、新河浦到现在的东山湖公园）都是禁区。禁区内有日本军队驻守，外围还有汪伪政府的伪军层层把守。中国人只要进入禁区，格杀勿论，一些小孩不小心跑进禁区，照样被杀。所以他们把东山划为禁区之后，我们基本连活动的区域都没有了。

你们不知道，日本军队处理死尸不像现在的电视剧、电影拍的那样，死了就扔在当地，他们有一个专门的医疗清理小队，会当场把死尸抬走，统一放在一个地方处理。当时培正中学就被他们改为陆军医院，所有的伤兵和死尸都放在里面。

那时培正中学的教工宿舍还有一个处理死尸的大炉子，上面竖了一条大烟囱，那里叫烧尸房。抗日战争刚结束的时候那些设施都还在，后来才全部拆掉建成了宿舍。

日据时期，东山的洋房基本上是分配给日军的军官居住，每人一栋。被日军占领过的房子之后基本上是住不了人的。一批批的日军来了又走，房子里垃圾遍地。他们还把木门、木窗和花园的花木弄下来烤火取暖，地板上乱七八糟的。1945年日军撤退以后，我们家的房子乱得不堪入目，玻璃都打烂了，要到香港找有资质的建筑公司和工人来装修。这些都是规模比较小的私人公司，足足修理了一年多才搞好。其间，我只好搬到父亲在西关的洋行里面去住了，直到1947年慎园经过大修后我们才回来住。

五、新中国成立后的日子

1949年年底前，慎园一直静悄悄地矗立在东山这一片土地上，它送走了国民党，迎来了解放军。没过多久，从北方迁来的机关人员打破了它的寂静。在那个年代，慎园附近的街道上，几乎都是外省人，他们说着夹杂着方言的地道或者不地道的普通话，实在听不懂时，大家就只能用笔交流。

新中国成立几年后开始了工商业社会主义改造，“东山少爷”的社会基础基本上已经不复存在，毛主席说的“三座大山”里面就有资本主义。好像我父亲那种解放战争之后留在国内、继续生产的，就被定义为民族资本家。

1958年，城市住房很匮乏，职工宿舍也没有很多，不够住。于是政府实行房屋改造，把城市里的部分住房分给那些无处栖身的人，所以很多的私人住房便在那时被均分了[1]。

很多人说“东山少爷”主要是指在培正中学里面读书的子弟们，主要是台山来的华侨。我不这么认为，我认为其实在那个时间段有钱人家的子女（主要是指在东山一带的）都算，有钱人包括工商业者，做医生的、工程师的、教师的和其他自由职业者，华侨、华侨子女、归侨，还有一些做官的。比如说陈济棠时期，培正东街2号住的林逸民，是国民党政府的工务局局

[1] 现在合群中路2、4、6号的业主，也是曹国裕母亲周丽兴（音译）。

曹国裕一家合照（资料图片）

长，相当于现在的建设局局长。梅花村也有一些当官的住，但那些都是20世纪20年代后期的事了，在那之前都是主要住在这一边。

然而，在抗日战争和解放战争时期很多人都逃到海外去了，他们基本上都留在海外了，社会基础变化了。同时其他的区域也发展了，有钱人也未必需要住这里，所以在那之后“东山少爷”的社会基础都不复存在了。“西关小姐”这一阶层是在1872年真光女子中学建成之后才产生的，其后也随着战争爆发瓦解了。

人在三岁以前的记忆都是很模糊的，三岁以后才有一些记忆。我在2—3岁的时候，只记得在自己家院子里面有橄榄树、杨桃树，有仆人拿条竹竿帮我把树上的果实打下来，我坐在树下吃果子，在花园玩。我家门前是一条斜坡路。四邑的华侨很多是因为小孩从江门出来读书才在这边买房子，他们一般把男孩送到培正或者培英上学，把女孩送到西关的真光和培道、协和中学寄宿上学。当时的学校还是很安全的，因为学校管得很严，一般都有持枪的保安员来维持秩序。我1946年在西关培英读初一，1947年我14岁，回来在培正读初二，1948年就去了西关的培英中学上高中。

1976年后，年过八十的父亲也去世了，母亲就从香港返家。那时我父亲是全国政协委员、省市工商联副主席。本来作为家属，母亲是可以向统战部、工商局提一些要求的，但有着家国情怀的母亲说把以前的房子和房产证归还给她就可以了。拿到房产证的母亲，很感激侨联对她提供的帮助，便将新河浦2号送给了侨联。母亲会这么做，是因为在此之前我父亲也送过一套房子给政府。在解放初期，他被认为属于民族资产阶级，这在当时已经是不错的待遇了，而且他又被推选为全国政协委员。他总是说：“政府眷顾我，我是要懂得感恩的。”就这样他送了一栋洋房[1]给政府。母亲受父亲影响，便做了和父亲一样的事。

[1] 龙洞箐箕窝的一栋别墅。

时过境迁，我也成为侨联的常委，在我看来这便是一种传承了。故此我亦帮侨联做了很多工作，多数与自己无关。我退休之后，直到20世纪90年代才在侨联的帮助下拿到了自己的房产证。20世纪90年代，我把4号、6号两间卖了，但是为了感激侨联的帮助，新河浦2号的房子依然是侨联的。

话说培正路上的这几间洋房为什么叫慎园呢？其实“慎”就是取谦虚谨慎的意思，这是我父亲说的，我们的家训就是谦虚谨慎。如果更详细地解释，我就会说，“谨言慎行，不求奢华”，就这八个字。俗语有讲“憎人富

20世纪30年代东山航拍图（资料图片）

贵厌人贫”，如果你仗着自己有点钱就看不起别人，别人会暗中和你作对，陷害你，你的子女也会变成二世祖，就真的富不过三代。所以我说呢，最重要的是要谦虚谨慎，关键就在这里了。

我一直在这住，三代人都是培正的，1937年，14岁的我初入培正读小学，1948年在培英读高中，1951年从培正毕业；30年之后的1980年，我儿子在培正毕业；再过30年，也就是2010年，我的孙子从培正毕业，我祖孙三代都是培正人。这里是我们祖居，是我们最热爱的故乡。而我，早已成为这慎园的老人了。

伍景英的隅园

口述：伍卫能　　　整理：雷鸣夏
时间：2017年12月　地点：广州东山隅园

编者按：东山五大名园之中，创建者的直系后代仍然居住于此的，隅园独一无二。它的设计者、最初的主人是广州早期留学英美的伍景英。1925年国共合作时期，他曾担任海军造船总监。隅园（红楼）大约于1931年建成，整体风格源自英伦。但伍景英在设计时将英伦建筑风格融入本地特色，这种建筑风格被人称为“西曲中词”。伍卫能系当年隅园主人伍景英第四子。

同在隅园长大的伍卫能（左）和雷鸣夏（右）（吴伟鹏摄）

鸟瞰隅园（朱景辉摄）

广州东山寺贝通津隅园东墙紧挨着一条小河涌（20世纪50年代被混凝土板覆盖），据说以前可行走小船，附近曾设一小码头，这便是寺贝通津这条街名字的由来。

先父伍景英系顺德古朗人，先祖父与族人一同经营银号，本来家境殷实。但先祖父后来识人不善，借给人的款项全都无归，引致自己破产。当时家境一落千丈，连一日三餐亦成问题，于是先祖父便要求当时才十几岁的先父出来当“后生”（商铺的仆役），以帮补家计。但先父酷爱读书，不肯迁就，后又打听到入军校可免费就读且有生活津贴，便执了包袱来到黄埔，考入水师学堂。当时系20世纪初，清朝尚未完结，朝廷开始建设现代海军，欲从全国的水师学堂派遣一批可造之才赴英国留学。先父参加了选拔考试，虽然他总成绩并非最好，本入不了围，但主事官员见他数学考了个100分，觉得他数学超人一等，适宜向理工方面发展，就破格录取了他。

先父在英国纽卡斯尔（Newcastle）学习造船专业，他读书十分认真，成绩优异。在他顺利毕业的时候，他看见潜水艇作为一种新式舰只崭露头角，便请求暂缓返国，改为前往美国的潜艇工厂实习深造。他的愿望得到上级

青年伍景英（伍卫能供图）

批准，于是便横渡大西洋，开始了留美的新阶段。如此一来，先父在英美负笈竟长达10年，动身回国之时，中国已经易帜，变作民国了。

先父早在英伦时期便已结识一位英国女子，并且坠入了爱河。这位女友是他房东的千金，她父亲经营一家酒店，生意不错。先父从美返华前夕打电报向女友求婚，酒店老板断然反对，认为中国贫穷落后，女儿若嫁了过去，必定受苦无疑。然而这位可敬的女子，誓死忠于爱情，宁可舍弃安定富足的生活，也要与先父结合不可；其父反对无效，只好极不乐意地眼睁睁看着女儿远走高飞了。

返国后，先父工作了一段时间后就南下香港开设船舶事务所。先父事业发展顺利，在广州安家后便着手买地建屋。他看中了东山的宁静舒适，便在寺贝通津营造隅园。最初营造的是42号那间红砖房子，由他亲自设计。出于造船的职业习惯，先父设计42号时把窗户弄得像船上窗户那样细小，又在房屋前方加了一条有围墙的走廊，恰似轮船的甲板栏杆，进入客厅必须绕行此廊，予人一种登上轮船的感觉。这栋房子整体上是中西合璧的风格，其中的中式元素体现在人字形屋顶上铺设的绿色琉璃瓦，配上红墙，有如中式宫殿。大门口设中式石狮子一对，花园中有中式石凳，等等。

隅园44号今貌（吴伟鹏摄）

我的英国大妈对搬入隅园后的生活相当满意，在此与先父度过了一段幸福时光，先后诞下五个儿女

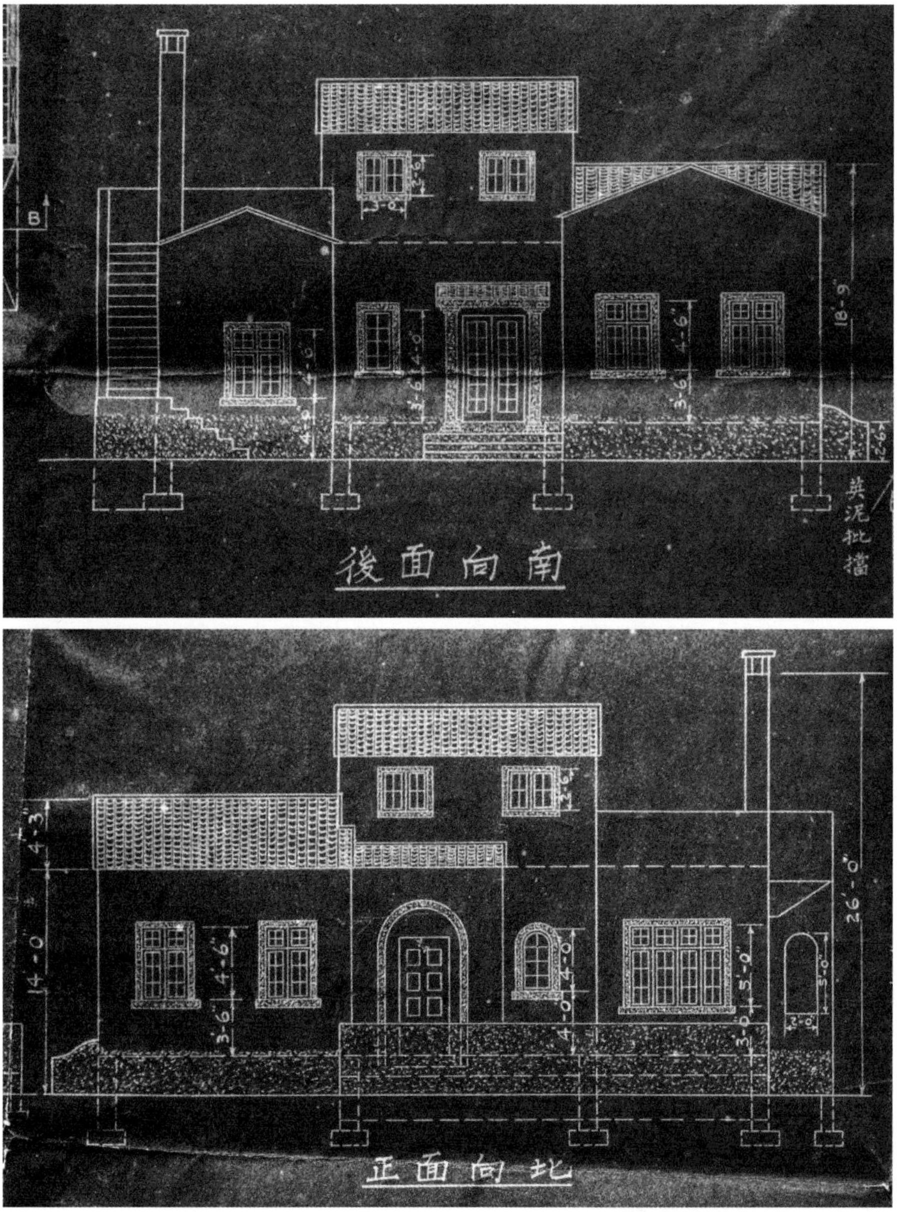

隅园设计图纸（伍卫能供图）

（二男三女）。可惜天意弄人，好景不长，一对女儿不幸染病夭折，这给她造成极大的打击。她从此陷入痛苦之中，郁郁寡欢，情绪低落，生了小儿子后她便彻底病倒了，以致卧床不起，有时甚至神志不清，生活无法自理。由于在广州久治无效，在抗美援朝城市人口疏散时，英国大妈就由大儿子将其接回家乡顺德休养，直至她20世纪70年代离世。

英国大妈病倒后，先父只好又当爹又当娘。住在隔壁的一位街坊有见于此，便介绍自己的侄女给先父，二人不久成婚，她便是我的生母。母亲嫁入伍家后又为先父添了七个孩子，42号空间便不敷应用了。有见及此，先父在抗战胜利后就开始建造44号，这是一座白色粉墙的两层洋楼，两间房屋之间有矮墙分隔，但设两门相通。到了20世纪50年代，大妈的女儿出嫁，随丈夫去内蒙古包头定居了；小儿子中专毕业后分配到湛江市工作。这时先父决定全家人搬到42号居住，而44号则用作出租，以租金补贴家用，雷鸣夏一家就是其中的租客。

现在回过头来讲讲先父的工作与事业。民国时期先父在海军供职，但他是技术人员，并不带兵打仗。他曾亲手设计建造了几艘浅水舰，如仲元号、仲恺号、坚如号和执信号炮舰。他亦撰写并出版过造船方面的专著，还教了不少学生。抗日战争爆发后，日军在1938年逼近了广州城，军政当局命令先父在虎门水域筑起一道防线。先父就亲自制造并投放了100枚水雷在虎门水域，布下了一个水雷阵。日军情报人员知道此事后，便将原来从水路进攻广州的计划（从水路进入广州只需要七八个小时）改为从陆路进攻。为防遇到埋伏，日军用了七天缓慢向广州进逼，这便等于广州市民多了七天的疏散时间。日本人后来获知此事，就决定抓捕先父。而他由于亲自布水雷阵，就来不及随大队撤退，只得自行潜回古朗隐居。怎知过了不久，日军间谍就得知此事，竟带兵找到藏在祖屋的先父，并向他宣读皇军聘先父为顾问的聘书。父亲当场假装答应，但当天深夜便和母亲一起用炉灰涂黑面、包住头，从水路划艇潜逃到澳门。父亲安全到达澳门后，就由有关人士把他接回后方。

日军投降后，先父随军到达广州后即返回隅园，入门后赫然发现两个柴房已被拆毁，门口的一只石狮子耳朵已断（估计是被日本兵劈掉的）；园内竟然还有几个穿着“丁字裤”的日本兵（查问后得知原来驻广州的日本司令将隅园用作他的居所，不知那个司令知不知道，居所的主人正是他们想抓捕的人），先父就把这几个日本兵赶出家门。传说那个日本司令在各地抢掠了不少珍宝并藏了起来，这些宝藏至今下落不明。

在三年内战时期，先父面临着两种抉择：是跟蒋介石去台湾，还是留在广州迎接新政权？这个时候，一位贵人出现了——他叫黄宗龄，是中共地下工作者，负责工厂和学校方面的工作。上级命令黄宗龄策反先父，他便来先父处拜师，执弟子之礼甚恭，虚心地向先父学习造船的知识。先父很喜欢他，两人感情日深，超过了一般的师生之谊。在1949年，黄宗龄试探先父有何打算，他没想到先父第一句话就回答他自己不会去台湾。

被日本人砍掉耳朵的石狮子（吴伟鹏摄）

1950年，解放军准备解放海南岛。当时解放军只有木船，需要将大炮架设到木船上，但炮的后坐力甚大，会影响木船的航行安全，必须对它进行改造，这个任务就落到了先父头上。先父经过反复计算钻研，终于改良了这些大炮，使其能在木船上作战，为解放海南做出了自己的贡献。

新中国成立后，先父加入解放军南海舰队，职务是总工程师。他星期一至星期六在黄埔港的造船厂上班，只有星期天回家一趟。

1956年先父退休，在家栽花种树、练太极剑，闲来还以设计战舰为乐。20世纪70年代末，先父老来从子，移民去了澳大利亚悉尼。在澳洲他开始对翻译发起"烧"来，把许多造船的英文资料译成了中文，甚至把《福尔摩斯探案》也译了不少。他把《福尔摩斯探案》的译稿投去《星岛日报》，却因文风介乎新旧之间而没被刊登。先父有些失望，便不再翻译。其间，先父还回过广州一次，他返回悉尼后不久便迎来了自己的百岁寿辰，英女皇伊丽莎白二世循例发来了贺信。在生日晚宴上，先父兴高采烈地用中英双语发表演讲，赢得了满堂掌声。

先父热爱祖国，关心家乡，遇到朋友从国内来澳大利亚，总是拉住他们询问有关情况，并且不停地表示还要回国看看。先父最终以103岁高龄在海外仙逝。

我小时候一直有一个疑惑：先父一直是拿工薪的，从未做过生意，怎么会有钱买地起屋，养活12个子女？后来我从亲戚处打听到：先父回穗定居前曾在香港待过一段时间，那时他是全港唯一一个有资格签发船只适航证的华人。据说所有下水出海的船只必须申领此证，而签发者则可得可观的收入，正是这段经历让先父赚得了第一桶金。

1960年，我哥哥伍克能为继承父业报考华东造船学院，但由于政审不通过被分配至华东师大物理系就读（后来他获悉造船系属保密专业，只有工农兵干部子弟才有资格被录取）。这件事让哥哥大受打击，一气之下申请去了香港，再从香港赴澳洲学习造船。毕业后，他开设船舶设计事务所，为用户们设计了大量的船只。1960年，我初中毕业，母亲示意我报考市六中，因为该校侨生多，申请赴港容易些。在六中读了一年后，母亲准备让我申请赴港了，此时先父极不同意，二人为此发生了争执，最后结论是由我自己决定，而我则去意已定。

左图为伍景英遗下的日晷，指针已不存（吴伟鹏摄）；右图为伍景英为方便在房间观鸟而摆设的小鸟浴池（吴伟鹏摄）

后来我的轨迹与兄长相似，在港补习了两年英文，便考上了澳大利亚的大学。但我与哥哥有一点不同，我听了先父的建议，选择了土木工程系。毕业后我留在澳洲发展，始终在房地产界别。后来我在澳洲结婚生子，直至甲子之年才返回国内，重新在隅园（44号）过着悠游自在的日子。

我的兄弟姐妹多数在国外生活，分布在美、加、澳、新等国。英国大妈的子女仅余玛丽姐一人健在，依然住在内蒙古包头，诺曼大哥已于一年前作古。我这一房仅五家姐一人因病去世，其他各人身体尚可，有的已经退休，有的仍在工作，他们还时不时回寺贝通津隅园看看，小住数日，因为乡愁总是斩不断的。

黄作让的明园

编者按：位于培正路8号、12号、14号的明园建于20世纪二三十年代，建筑格局与形式独具特点，是东山五大名园之一。本文来自明园建造者黄作让孙女黄新穗及孙子黄恩明姐弟的忆述。黄新穗在明园出生成长，虽已移居香港几十年，她对祖父的感恩之情却与日俱增。黄新穗胞弟黄恩明则对父亲黄仲仁的谆谆教导记忆犹新。我们从黄家三代人的故事可见东山华侨家庭崇文重教的优良家风。

忆爷爷黄作让

作者：黄新穗
时间：2018年5月　地点：广州东山明园

我是明园创业者黄作让（1888—1980，又名黄耀民）的孙女，生于1949年。以前我住在明园12号二楼，我在此地出生成长，度过了金色的童年，先后就读于培灵幼儿园、培正小学、培正中学。我的弟弟黄恩明的名字就来自“明园”，寄望他饮水思源，光明正大。今天来明园参观的人络绎不绝，人们在明园看到的漂亮小洋房只不过是那位屋主人生末段的结晶，他用海外辛劳一辈子积聚的资财就只是盖了这么一间屋，有谁关心他建屋之前那几十年的艰辛呢？

一、我的爷爷黄作让

我爷爷至少有四个哥哥，他排第六，他们都先后在美国打工，后来又都回来这里建房子，内战期间又相继出去了。他的一位哥哥建了明园8号，还有几个兄弟在恤孤院路、合群路建了洋房。

我爷爷好像是十几岁就从台山端芬独自到美国威斯康星州打工，在此之

明园入口（吴伟鹏摄）

前我的曾祖父已经去过美国，后来又回国了。虽然爷爷在美国那么多年都只是做洗衣工和厨师，但据我在美国的亲戚说，爷爷在那边每天都穿着西装、风衣，打领带，有明星风范，为人也十分和善。

黄作让在美国的工作照（黄新穗供图）

作为一个在国外打拼几十年的侨工，他深明中国人最需要的是接受更好的教育，为给子孙后代建立一个舒适安稳、学习氛围浓厚的居所，他不惜耗尽一生辛劳血汗，在培正路10号、12号建了明园，这才有了我们的金色童年！感恩爷爷的远见和良苦用心。

得益于爷爷对子女教育的重视，他的七个子女全部大学毕业。我父亲是高级机械工程师，两个叔叔分别是第一代自动化工程师和波音飞机工程师，而姑姑当中也有中学数学教师。第三代目前也在美国事业有成，这都离不开爷爷的荫庇，也是我们黄氏家族的福气。

其实我没有见过爷爷，1980年，我们准备去美国和爷爷团聚，我的叔叔先行一步，谁知叔叔到了香港之后就收到了爷爷因心脏手术无法苏醒的消息，叔叔到了美国芝加哥一下飞机就直奔医院的ICU（重症监护室），想不到父子的初次见面竟就是最后一面！因为在小儿子出生之前爷爷已回美国打拼了。这是我一生的痛。那年爷爷90岁了。

黄作让手迹（黄新穗供图）

虽然我没见过爷爷，但我收到了很多他的家书，至今起码有20封。爷爷没怎么上过学，但他的毛笔字却是很漂亮的，年轻时的一封封信上都是工工整整的字，但到他临近去世的时候，字已是歪歪斜斜的了。每次见到这些变化了的字迹，这不可逆转的生命过程，让我心里万分感伤。后来我从芝加哥带了一件爷爷的毛衣回来，里面有十几二十个小洞洞，我把洞一个个全补好了。

二、重返明园所见

12号建成不久，广州就沦陷了，明园也落入日军之手。家人四处逃亡，嫲嫲带着三个最年幼的儿女逃到香港后，又再逃回台山老家。我的爸爸随大学迁到广西、昆明；大姑姑一家逃到菲律宾；二姑、三姑随培道女中迁到粤

抗战时期培正中学惨遭日军占领，被用作安置伤兵（资料图片）

北山区。最悲催的是三姑黄卓贞在这次逃难中离世。

抗战胜利后爸爸回到明园，惊见本来建成不久的新屋破烂不堪：三层内外门窗全部被拆光，只剩楼梯和地下大门左边的原装柚木门（仍留至今天）。四层的楼梯扶手只剩半层一段。室内三层木家具如桌、椅、床、柜等全部消失一空，听说是被日军用作木柴生火煮食。父亲见状强忍悲痛，独自修好全屋门窗，花了好几年时间亲手重新制作家具。后来他每次讲起这些，都感慨万千。

明园还有一个不为人知的秘密，就是地下可能有一个日军的地洞。我很清楚这个位置，因为我小时候在那里见到有口井，有铁丝网盖着的。我们经常在那里取水，究竟这个井是不是地道的出口？我不知道，但我报告给广州市文物局了。

我父亲在1939年从西南联大毕业后就参加了滇缅公路的运输队，他经常给我讲他在昆明和仰光的故事，说他曾多次遭遇日机的轰炸，所以他对日军深恶痛绝。

三、忆明园的住客

新中国成立后明园没有被代管，我嫲嫲还被邀请作为广州归国华侨委员会的委员。

以前我们整个片区的邻里关系都是很好的，大家讲诚信，没什么戒心。明园的花园是很大的，我们经常在花园和我家的住客陈华、李素心的子女一起玩，我们尤其喜欢跟后面街上的那些人上明园天棚玩风筝。现在你们可能都猜不到，那时可以在我们12号天棚看到珠江崩口塘的船和竹排，随着涨潮退潮向东或向西移动，真的！那时珠江边是一大片沼泽地，那面住着很多渔民，他们捕鱼为生，以艇为家，有时还会招呼人们乘艇到河南、珠江泳场、中山大学……他们也就随便收点小钱。

在明园曾住过不少出类拔萃的知识分子，像我的邻居里就有医生、药剂师、钢琴家、画家。我们同学间的学习气氛也很浓厚，我的同学就经常拿一大堆书来明园看，我们如海绵吸水般摄取知识，在这里我们开始了人生的友谊，学会互爱互让，守望相助。这些良师益友般的街坊邻里让我第一次感到自己的无知渺小，于是有了向他们学习的人生目标和决心。

当时我们12号三楼有一位留德的药剂师陈华，那时我在三楼看见他的房间里摆放着密密麻麻的药盒。12号一楼住的是钢琴家李素心。因为她住在我楼下，我妈妈就买了一台钢琴给我，让李老师教我钢琴，那年我才6岁。我记得李老师发型很漂亮的，她天生是卷头发，也会用香水，比我们出国的女外交官更时髦，在当年的人群中这真的很突出。不知是不是因为她有海外关系，她也有最漂亮的女式自行车。我妈也是金陵女子大学毕业的大家闺秀，她们的风范让我懂得了女性到死前一刻，都要时髦得体。

东山的钢琴氛围很浓，除了李素心，赵碧珊和韩国的木泽六也在东山住过，她们都是当时一流的钢琴家。我们那个时候吉他还未流行，女孩子就学钢琴，男孩就学小提琴，趣味偏古典。

左为钢琴家李素心（黄新穗供图）

“文革”时李素心与她的父母同住，她的先生就是我们七中著名的英语老师邵明耀。邵明耀在新中国成立前曾经在基督教青年会做过翻译，英文特别好。

粤剧大师红线女也曾住过明园一楼。那时她一般不出来露面，只在12号二楼和天棚活动。有见及此，我妈妈都有煲点汤、煮点吃的从12号她住的房子的窗口递给她。她给我的第一印象是很优雅，文质彬彬，高贵大方。那些钢琴教授、医生太太都给我同样的感觉，所以到现在我自己都很注重个人修养。当年我跟红线女也挺熟悉的，我们还曾一同上天棚研究粤曲。她说想用毛主席语录配粤剧，让我用钢琴伴奏。明园斜对面就是广东粤剧院的大排练场。东山小洋房的主人家多数都未必爱看粤剧，但洋房里的马姐、顺德的工人们就经常围着看红线女彩排，凡是她公演前几晚的排练，满大街的人都搬了凳子来看了。十年前我曾几次试着找她，但因为我回来广州的时间少，约不到，至今我仍深感遗憾。

“文革”时明园还住过我爸爸的同学，华南工学院建筑系教授廖德辉夫妇。

四、感恩明园岁月

我虽然已移居海外几十年，但有一个熟悉的场景总不期然在梦中浮现：当我轻快地步进那扇绿色琉璃瓦上盖的拱门，一条窄窄的小路就映入眼帘，路的两旁蝴蝶起舞、草木缤纷：圣诞花、鸡蛋花、茉莉花、牵牛花、九里香、白兰花、茶花、姜花，百花争艳；黄皮树、番石榴树、龙眼树、木瓜树、芭蕉树、杨桃树、青榄树、杧果树，草木缤纷；几块小田长着番薯叶、白菜、菠菜，小鸟成群跳着觅食，远处围墙下的鸡窝里还有母鸡下蛋呢！远处，一位婆婆正安静地在花园修剪，那不就是那我慈祥的嫲嫲吗？这边，一位主妇正在和她的孩子打扫小路的树叶，这不就是我妈妈和弟弟吗？没多久，耳边响起一段优美的钢琴旋律，这不就是李素心老师的演奏吗？过了一

图左为青年时期的黄新穗，摄于明园内一栋洋楼门前；图右人物背后的小木屋为日据时期所建（黄新穗供图）

会儿，一位戴眼镜的学者推着自行车归来，这不就是下班的陈伯吗？又过了一会儿，来了一群小孩嬉戏玩闹，这不就是我的“学习小组”吗？我惊叹：这世外桃源不就是我小时候的故园吗？！

每次从这个梦中惊醒，我都百感交集，热泪盈眶。虽然此情此景已不可复得，但它已深埋在我脑海，是我人生中无价的财富，回首往事，我有千言万语，但其实离不开“感恩”二字。

首先感谢我的祖父母。20世纪初他们与一群华侨、侨工不约而同回到培正、新河浦一带买地建房。他们用离乡背井一生的辛劳血汗为子孙后代建立一个舒适安稳的居所。他们刻苦勤劳，言传身教，养育七名儿女。他们的一举一动、待人接物、书信文字都值得我们学习。

这个自强不息的海外华人奋斗精神，是明园精神。它让我懂得了坚强和刻苦追求知识的道理，让我走出了丰盛的人生，这精神的养分，不是金钱、不是千万豪宅所能比拟的，希望明园精神的薪火能代代相传。

忆父亲黄仲仁

作者：黄恩明
时间：2019年6月　地点：美国旧金山

我十分怀念父亲黄仲仁，他是我的人生启蒙导师，亦是我的成长领路人。

父亲生于乱世，一生经历颇为曲折；但这也让他有机会走南闯北，拓宽视野，丰富阅历。

父亲小时候在北京上学，一直读到中学毕业，北京是我国千年古都，文化重镇，更是五四运动的发祥地。父亲在京生活学习多年，浸淫在思想自由、兼容并蓄的氛围之中，形成了他对独立思考、全面发展的执着追求。他崇尚科学，亦喜爱艺术（尤其是绘画和书法），认为两者的结合才能使人发挥想象力与创造力并使之最大化。这是父亲一直对我灌输的重要观念，这已在我心中扎下了根，让我终生受用，且奉为圭臬。

父亲中学毕业后返回广州考入中山大学理学院，不久抗日战争爆发，父亲离穗辗转各地，最后在昆明的大学完成了学业。虽然人在大后方，父亲从未忘忧国。毕业后他即加入滇缅公路运输队，将大批急需的战略物资从境外运回国内。当年的史迪威公路乃九曲十八弯，依山修建，攀峰落谷，惊险异常。加上这一带横断山脉气候说变就变，遇见云雾遮山，便不见道路，不辨车辆，随时可能发生坠崖事故，随时可能为国捐躯。再有就是日寇空军时不时派机空袭，对准车队投弹，父亲往往要面对九死一生的险境。但他每每临危不惧，死里逃生，为国家、为民族从来不畏艰险与牺牲。

1945年抗战胜利，父亲回到东山明园。他满以为可以一家团聚，共享天伦；谁知迎接父亲的是三姑黄卓贞的死讯（在走难中离世）以及居屋被日本人严重破坏，家具财物被劫掠一空的惨状。他只好压制悲痛，含辛茹苦，自己一手一脚重建家园，安顿家人。这需要多强大的意志力和多高的抗逆商数啊！父亲这种不屈不挠、能屈能伸的精神一直是我战胜困难的动力！

父亲20世纪50年代担任广州市政府建委机械总工程师，20世纪70年代则成为广州电视大学第一代教员。父亲非常敬业，重视理论联系实际，强调动手能力的重要性。我自懂事以来第一个印象就是家里摆满了各种机械零件、工具、模具以及一些小型机器。父亲常常带我到龟岗大马路参观他的工厂，那里有各种机床和图纸，父亲就给我讲解各种机械原理和机器的作用，令我从小就明白机械化、工业化对国家与人类发展的重要性。后来我长大了进入广东省机械安装公司工作，当了铆工；但我对车工、钳工同样了如指掌，这些都得益于父亲早年对我的教导与启发。

后排左二为黄仲仁（黄新穗供图）

父亲特别重视对子女的培养教育。他喜欢带我们行走城市，参观镇海楼、中山纪念堂、越秀公园、烈士陵园以及

童年时的黄恩明与黄新穗（黄新穗供图）

东山湖、流花湖等名胜古迹，了解建筑之美、园林之美、山水之美。他对我们各种素质的培育，胜过对学习成绩的要求。他让我姐从小学习钢琴，让我拉小提琴，又亲自教我们书法、绘画、棋艺，并且鼓励我们阅读文学名著以及收集各国邮票，使我们从小热爱美、懂得美、追求美，生活中充满审美情趣。

父亲还十分关心我们的身体健康，在我们五六岁时便开始教我们游泳和划艇，他陪伴我们下水，亲手教我们各种动作。他本人以身作则，每次下池均游两三千米，为我们立下榜样。我们每次跟他去游泳，都是有训练指标的，得游上五个、十个或十五个来回才可以回家。父亲通过划艇来训练我们的平衡感、节奏感，以及合作精神和团队意识，可谓用心良苦！

现在人们很喜欢谈论“东山少爷”，我想父亲应当是其中一位，而且是相当优秀的一位！

梅彩迺的彩园

口述：梅国强　　整理：吴伟鹏
时间：2017年11月　地点：广州第七中学

编者按：讲到东山，一般人心目中的标志性符号就是“五大名园”。这固然不错，但很少人知道，除此之外，有东山的民国洋楼花园，规模更大的还有陈济棠公馆、乐明园、通园及彩园，而彩园在占地面积、房屋数量、美观程度、园艺水准等方方面面，均可谓独占鳌头。更难能可贵的是，彩园自20世纪30年代由园主梅彩迺先生兴建之后，一直由本家族直系后代居住管理，直至21世纪初转手重建。梅国强先生是彩迺公第四代孙，1945年出生于彩园。他居此凡60年，时间最长，最有发言权。国强先生虽身体欠佳，仍接受编者采访，尽管历时不长，但对彩园及曾祖父的怀念之情，流露至深，令人感动。

吴：梅先生，您好！见到您很荣幸，很高兴！

梅：抱歉！我的健康状况不太好，站着头晕，坐着腰痛，只能作简短交谈。

吴：感谢您抱恙接受访问，我们就长话短说。

梅：好的。如果身体好我可以多谈。

左为梅国强先生（吴伟鹏供图）

吴：作为彩园最老的居民，可否讲讲您对彩园的印象？

梅：彩园面积颇大，约为4000平方米，在东山恐怕是数一数二的了。

吴：园内共有多少栋建筑物？

梅：有三座小洋楼，一间平房。

吴：房子与东山地区其他的住宅风格相似吗？

梅：是的，很接近，是清水红砖的屋宇。但是加上了一些石米批荡，阳台较多也较大。

吴：房子四周是有许多树木吧？

梅：你说得对。曾祖父非常注重绿化美化，所以户外空地上遍种了高大的树木和各种花草，是专门请了花王（园艺工人）负责栽种及管理的。

吴：你记得园里面种了哪些植物？

梅：乔木有槟榔树、南洋杉、凤凰木、木棉树等，灌木有散尾葵、苏铁、鸡蛋花、山指甲等，花卉有炮仗花、米仔兰、鹰爪花、白兰花等，果树则有苹婆（凤眼果）、番鬼荔枝、番鬼葡萄、木瓜、龙眼、香蕉等等。

吴：好像有些是从海外引进的品种。

梅：没错，也算是中西合璧吧。

吴：您出生时曾祖父仍然健在吧？

梅：是的，我1945年出生，他1955年过身，那年我十岁啦。

吴：听说彩迺公是以高龄仙逝的？

梅：走的时候已经90多岁。

20世纪90年代的彩园（资料图片）

吴：他老人家身体一直很好？

梅：他向来没有什么大病，辞世前几天还十分正常。那天他似乎有自知之明，一早起身就穿上一身西装，系好领带，仪容端正，神情肃穆。家人以为他要出门会客，他说不是，只是觉得累了，需要好好休息了。午饭后，他上床午睡，便在梦中离开了我们。

吴：听讲彩逎公的葬礼十分隆重，在东山轰动一时，是这样吗？

梅：也算是的。那一天送殡队伍很长，前来道别的亲友多达数百人。殡仪队伍从彩园出发，由银乐队引导经保安街、达道路、寺贝通津、庙前直街、庙前西街、均益路、东华东路、东川路抵达粤光制殓公司，然后在那里举行辞灵仪式，再由灵车送往坟场。当时用的是西式的棺木，有玻璃罩密封。一路上许多市民驻足观看，总算是生荣死哀了。

吴：能和我们谈谈令曾祖父吗？

梅：当然可以。他是一位旅美华侨，长期在纽约谋生。开始也是做一些粗工，一些相当艰苦的生计，比如洗衣、餐馆打工。好在他头脑灵活，有眼光，辛辛苦苦积累了一些本钱之后，就看准了房地产这个行业，把握时机，看准地段，全副身家砸了下去，结果运气好，很快赚了大钱。当时一般华侨比较保守，只敢做些传统行业，对于洋人垄断的风险较高但利润也高的行业比如建筑置业，就没有胆略及勇气去开拓，就难以有大的作为。

吴：听说当时美国报纸称令曾祖父为“华人中的洛克菲勒”，评价很高。

梅：主要是他有胆识，敢于为人所不为，入市时机得当，幸运地获得了成功。

吴：和他相处过几年，你记忆中的曾祖父为人如何？

梅：他是一个非常朴实的人，谦厚、低调、和蔼可亲，不是高高在上的大家长那种人。

吴：他喜欢小孩子吗？

梅：当然，他喜欢摸我们的头，给我们讲故事，有时会摘些水果给我们吃。

吴：彩逎公返回时把全家老小带回广州了吗？

梅：不是的，他留下了一个儿子在美国打理那里的生意，听说后来发展得不错。

吴： 据闻邓小平访美时有你们家族的人以侨领身份前去机场迎接。

梅： 这不奇怪。

吴： 那么回来的儿孙呢？

梅： 回国后，就一直在彩园聚族而居，也就是打工和做些小本买卖。

吴： 改革开放后家族成员出国的多不多？

梅： 除了我这一家，全都出去了。

吴： 出去之后境况如何？

梅： 也就是打牛工、讨生活，下一代就好一些。

吴： 您为何不想移民？

梅： 我英文又不好，年纪也大了，何必背井离乡！

吴： 是的，在广州生活也很安定。祝您快乐、健康！

梅： 知足常乐。

吴： 您退休很久了吧？

梅： 早退休了。

吴： 现在在家带孙吗？

梅： 得闲亦炒炒股。

吴： 您是几时从彩园搬出去的？

梅： 2004年我们将彩园卖给了新华社澳门分社，他们买后拆建了新房，给了我们几套在别处的公寓房。

吴： 还住东山？

梅： 是的，住惯了东山，不想离开了。

GIRLS'
BOARDING SCHOOL

第二章

东山名校

DONGSHAN SCHOOLS

培正学校及其他

口述：唐启望　　整理：吴伟鹏
时间：2017年5月　地点：广州东山堂

编者按：唐启望，生于东山，其父为东山堂牧师唐马太，唐马太1946年任广州东山浸信会堂主任牧师，任职东山堂时间之长为历任牧师之最，1947年被选为两广浸信会联会主席。唐启望系广西壮族自治区政协原常委，致力于宗教史研究，诸多研究作品刊发于广州市基督教两会《广州教会信息》等杂志。

一、关于培正

说到东山，就绕不开培正、培道这两所学校。1908年，美国人办的培道女子学堂已建好两座新校舍——耶德逊堂及红楼，前者为课室兼礼堂，后者用作学生宿舍。这是东山最先出现的一批西式建筑。培道中学为美国人创办和直接管理，前几任校长均为美国人。翌年，东山浸信教会开堂，一些华人教友看到外国人在此兴学，也萌生了由国人自己办洋学堂的念头。廖德山、冯景谦、余德宽等数人于1900—1910年在烟墩岗购地建校，不久培正中学（是时为男校）问世，与咫尺之遥的培道中学（女校）比肩而立。两校虽

培正中学图书馆（资料图片）

唐启望先生口述历史（吴伟鹏供图）

广州最早的竹筋混凝土建筑物之一——培正中学王广昌寄宿舍（资料图片，摄于20世纪90年代）

然都属教会学校，但培正中学一直由中国人管理，中英文并重，注重发扬中华民族传统文化。经过百余年的发展，培正、培道均已成为在穗、港、澳三地都有独立校园的教育机构，培正还在省内、市内的一些地方办了分校。这样的办学规模与发展势头，在广州地区的中学里是绝无仅有的（真光中学香港有分校，但澳门没有），培正曾经雄心勃勃筹办大学，为此还购下了海心沙的地皮，可惜由于种种客观原因，该计划不幸胎死腹中。

我小学、中学上的都是培正，培正的校训是“至善至正”。我以为培正的办学是成功的，它确实是以校训的精神作为办学方针的。首先，学校用人唯才，只要是有能力的人就不惜高薪聘请，不吝破格录用。培正历任校长均有很高的学历，不少是留洋海归，比如黄启明校长就是美国名校哥伦比亚大学的高才生。培正办学力量之强，可谓一时无两。比如音乐这一科，任教的人当中居然有冼星海、马思聪、何安东这些全国闻名的音乐家，试问哪间中学有这样的师资？因此，新中国成立后不少培正的优秀教员都被抽调到了高等学校，比如郑师许老师被调往中山大学任历史系主任，关履权老师被调到华南师范学院任历史系主任，王振鹏老师被上调暨南大学，林瑞铭老师被调去华南石油学院。

培正中学校徽（资料图片）

1948年，培正中学为了提高英语教师的教学水平，还特设英语教员培训班，开办了英语研究所。培正为了引进最好的培训导师，以1400元港币月薪从岭南大学挖来留美博士李宝荣教授。当时培正高年级数理化等学科用的统统是英文教科书。由是之故，毕业生中英文出类拔萃的学生大有人在。比如黄明衡同学曾在陈纳德航空队任翻译官，我一个同学毕业后也曾赴南斯拉夫担任翻译。

培正善于通过让学生在处事中承担责任，从中培养自信心。徐凿年轻有为，上进心强，系可造之才，培正就培养他当训导主任乃至校长，徐凿的儿子徐育强18岁便任职工子弟夜校的教导主任。

培正的教师有一个习惯，每堂课留下最后五分钟自由发挥，上至天文下至地理，科技进展、时事新闻无不侃侃而谈，旁征博引。这些通识教育拓宽了学生的思路，催生了他们对各种学问的兴趣。老师不仅向我们传授知识，还教导我们如何做人。卓锦常老师有一席话让我终生难忘，他说："你们现在读书六十分就算是及格了，但以后出去工作，你对老板说我计十条数只算对了六条，老板就会马上炒你鱿鱼！"叶培初校董[1]在毕业典礼上的发言亦让我记忆犹新，他说："我一辈子做人觉得最厉害的就是高中毕业的时候，因为这个时候好像语文、数学、英文、物理、化学、生物、历史、地理什么都懂了。"其实，他是用讲反话的方式告诫我们千万不要自满，不要以为自己真的什么都懂了。这些隽语透露出人生智慧，让我时时反复品味，受用终身，后来我也用他的这番话去启发我自己的学生。

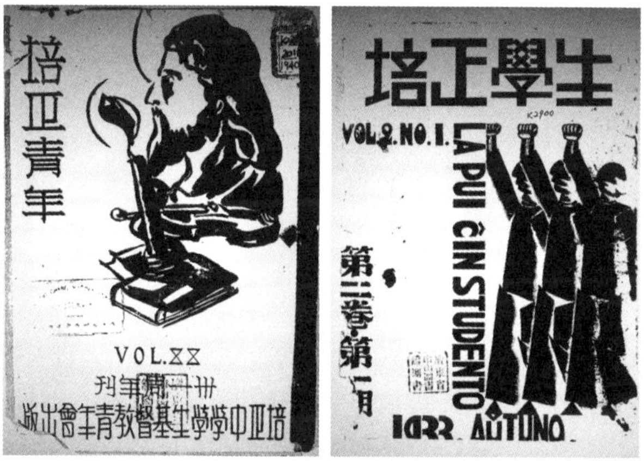

培正中学民国时期的杂志（翻拍自中山图书馆特藏部）

培正中学的教学设备在广州也曾首屈一指。比如那时的培正显微镜就有很多台，上生物课平均两三人就可用一台；学校配备了电影放映机和科教电影拷贝，上物理课与生物课均可不时采用观看电影的直观模式；学校又进口了优质的铜管乐器，供学生们课外活动时学习使用。值得一提的是，培正中学的银乐队长期在广州享有盛誉，20世纪50年代还曾在越秀山体育馆的大型集会中担任奏乐；培正的运动场地也是全市一流的，设有400米的标准跑道和正规的足球场，培正的体育历来成绩骄人，曾经出过跳水世界冠军梁伯熙、数位田径体操好手以及相当不错的学校足球队。

[1] 广州名医，其子叶惠康是留美音乐博士，孙女叶咏诗曾任广州乐团艺术总监。

培正学生中名人辈出，有当过广州市副市长的梁尚立、刘锦湘，有中国驻伊拉克大使以及瓦努阿图驻中国大使等官员，还有不少科技专家、教授、

1948年培正中学校运会（资料图片）

学者。这都得益于老师的悉心栽培。培正中学培养出了一位诺贝尔奖得主崔琦以及菲尔兹奖得主丘成桐（哈佛大学终身教授），在全中国的中学中亦算是凤毛麟角了。

培正毕业生当官的不少，可就是没有听到过有多少人腐败成贪官的，十分令人欣慰。

二、关于东山

我心目中的东山是比较狭义的，大概就是东至达道路，西至大东门，北至农林路，南至新河浦这个范围吧。

东山在历史上影响现代中国力度最大和最为深远的大事件莫过于中国共产党第三次全国代表大会在恤孤院路举行。恤孤院路因浸信会在此办过孤儿院而得名，祖父穗田牧师曾任此孤儿院院长。陈独秀、李大钊、毛泽东、鲍罗廷等重量级人物都出席过中共三大，他们当时就下榻于离会场南面不远的新河浦路春园。以前在我心中一直有一个疑问：为何会选择春园作为住宿地点？据培正廖汉年同学所言才得知，原来东山当时并非羊城的核心地区，远离城市的权力中枢，又距外国势力盘踞的沙面租界颇远，周围是学校、教会及以华侨为主的居民，不会引人注目、招惹是非，加之鲍罗廷的私人秘书是春园业主，是时春园正好是空屋，他就建议鲍罗廷来这里安顿会议人员，并以此地优越的居住条件作为游说的理由。鲍罗廷当时是一言九鼎之人，他认为满意，此事也就定案了。

东山近百年来面貌当然改变很大，但它的确是以基督教会为核心扩展出去的。最初美南浸信会的西教士相中了东山这块宝地，在此建立教会，又办好了相应的学校（培正中小学、神学院、慕光盲人学校、培灵幼稚园）、医院（两广浸信会医院）以及恤孤院、安老院等等。许多华侨来这边建屋，由

协和神学院旧址（资料图片）

于这里的生活环境是华侨们所期望的，他们的子弟可以在这里入读新式学堂，与他们原侨居地北美、澳洲相似，可以得到西医的诊断治疗，可以去礼拜堂参加主日崇拜。当时东山的地价比城内便宜，土地供应也更充足，尤其在陈济棠治粤时期的“黄金八年”，政局稳定，经济发展，治安良好，是置业的好时机，华侨便纷纷来东山落户，现在我们见到的各式花园洋房大都是那时所建。

由于以前东山很多居民均为东山礼拜堂的教友，自然构成了一个熟人社会，在东山来来去去都是那群人。当时我们几乎条条街都有亲戚、朋友、同学，同学之间也有不少人结婚，不少培道女生就嫁给了培正男生。

改革开放后全中国第一间恢复宗教活动的礼拜堂——基督教东山堂（1978年）（资料图片）

三、关于家族

我出生于牧师世家，先祖父唐穗田、先父唐马太均是资深的基督教牧师，他们均从神学院毕业，又与东山堂渊源甚深。抗战时期，广州沦陷，日寇在太平洋战争爆发后封了东山堂用作伤兵医院，教友们只能作家庭聚集。是时浸信会打算调先父去美国主持华人教会，但先父婉拒。他认为自己是中国人，国难当头不能离开。由于没有牧师讲道和施圣餐，先祖父唯有不定期从家乡乘小船远道前来广州东山主持圣餐。抗战胜利后，先父应邀至东山堂出任主任牧师，一手一脚修复被日军破坏的会堂，罗致木匠重做所有门窗桌椅。终于，东山堂在战后重开，教友无比欢欣雀跃，人潮汹涌。先父在新中国成立后（除“文革”期间外）一直主持堂务直至离世，任职东山堂时间之长为历任牧师之最。由于东山堂是华南地区规模最大的基督教堂，在羊城影响力较大，因此先父亦成了穗市教会的知名人士，后来还被选为中国基督教协会副会长。我出生时家住东山松岗东，后1949年为纪念建堂四十周年教友捐资兴建牧师楼，我家便成为最早的住户。先父在1981年安息主怀，生母则活到21世纪，数年前才魂归天国。

旧时东山堂内景（翻拍自《广州市基督教东山堂复堂二十周年纪念专刊》）

抗战前举行主日崇拜时的情形（资料图片）

四、关于自己

我高中毕业后考上了华南农学院，学的是植物保护专业，研究对象就是病虫害防治。大学毕业之后，我被分配到钦州农校（钦州曾属广东省，后划拨广西壮族自治区）工作。到校不久我被安排教语文，但我未受过中文及教学法方面的训练，唯有边教边学，将汉字、语法、古代汉语、文学概论、逻辑学等全部自修了一遍。执了一段时间教鞭之后，我终于做回了本行。我的工作是抗病虫害预报，这要求我必须去收集历史上的自然灾害的数据，大量查阅当地的历史文献。古代文献自然是用文言文写的，一般非文科生会对理解文言文感到困难；有赖培正重视通识教育，我打下了良好的古文基础，加上后来当语文老师时积累的古代汉语知识，所以我能够很快上手。工作期间，有时我需要陪同领导下乡视察病虫害的情况，我往往是边出差边写汇报材料，出差一结束我便可将文稿交给上级。这让领导及同事均感惊讶，因为一般人都是返回单位后三五天，甚至一个星期才会交稿的。这种写作能力也是从小训练出来的。后来由于地改市，钦州市成立政协，我被推选为副主席分管文史委员会。

我退休后回到广州东山定居，也做了些早期基督教传教士在广州的研究。我始终喜欢东山的居住环境，国内恐怕只有厦门的鼓浪屿可与之媲美。

培正校长黄启明及其家族

口述：麦尔根　　整理：雷鸣夏、吴伟鹏
时间：2018年3月

编者按：麦尔根女士系老东山，她的叔公黄启明是培正中学第六任校长（任期最长），对于推动该校发展壮大贡献良多，厥功至伟。黄氏家族为教育世家，人才辈出，桃李满天下。

一、我的叔公黄启明

培正中学校长黄启明（资料图片）

我的四叔公叫黄启明，出生于广东省清远市一个普通的家庭。叔公的父亲黄心堂是一个很普通的传道人，收入有限。他们祖籍是清远县石角镇，那里属于贫瘠的山区，一点也不富庶。黄心堂小时候家里很穷，得了大病却无钱延医问药，在奄奄一息时就被家人遗弃到垃圾堆里去了。幸而天无绝人之路，一个外国传教士正好路过这里，听到弃婴的微弱悲泣之声，便将他抱起带回替他治病，病愈之后又收养了他，还将他培养成神职人员。

叔公黄启明是黄心堂的第四个儿子。“启”是辈分，四个男孩子分别名为“信道德明”，我公公黄启道就是黄心堂的二公子。黄心堂非常重视对儿子的教育栽培，大儿子是学医的。可惜我公公耳朵不好，读不了很多书，便进了印刷厂当排字工人。

叔公黄启明从小读书就非常厉害，少时就读于省城珠光里培正学堂，后考入岭南大学本科攻读教育，毕业后又远赴美国深造，在哥伦比亚大学取得教育硕士学位。他于1918年接任培正中学第六任校长，那时的培正已搬到东

黄启明校长从古巴筹款回来所建的古巴堂（资料图片）

山地区，但还很弱小，不具规模，仅有课室楼与宿舍楼各一栋，学生人数亦只有300而已。如果保持这样的状态，很有可能会在竞争中被淘汰，必须迅速将其做大做强。不过增建校舍需要大量金钱，谈何容易？好在身为留洋海归的黄校长深知旅外华侨对祖国向有报效之心，对乡梓各项公益事业不吝慷慨解囊。于是他十年内三赴美洲澳洲，为培正筹募资金。他以一片冰心打动了不少爱国侨胞，终能如愿以偿，满载而归。海外亲人的鼎力相助为培正输入大量新鲜血液，美洲堂、古巴堂、澳洲堂、科学馆、青年会大楼等一座座高楼大厦在培正校园拔地而起。

有了雄厚的资金，就能重金礼聘最好的师资，又能从国外引进最为先进的教学设备，包括电影放映机、幻灯机、摄影机、教学影片、高倍数显微镜、大型地球仪等；培正还修建了400米标准跑道，组建了银乐队，以加强对学生的素质教育，令其德智体美全面发展。培正中学从此脱胎换骨，一度成为广州市校园最大、校舍最美、学生人数最多的中学。

黄校长在任期间，中国爆发了全面抗战，他以极为高涨的爱国热情投入救亡宣传工作，并为此筹得款项30万元。1939年，他在香港筹办战争难童学校，尽心尽力，不辞劳苦，终致精力耗尽，死而后已。

叔公在回国后与赵碧兰女士结婚，婚后两人仅育有一女，取名秀贞（我管她叫七姨）。七姨十分聪颖，学习成绩十分优秀，考上了燕京大学。在北平（北京的旧称之一）读大学时家庭经济靠我四婆独力支撑，困难程度可想而知。幸而天助英才，她遇到了贵人。一个叫王睦进的同学与她成为好朋友，时不时给她一些经济上的支持，使她得以顺利完成学业。20世纪50年代初，七姨被分配到全国妇联工作，嫁给了一个银行家，名叫康国晋。康家在新中国成立前同情革命，曾资助共产党的组织。“文化大革命”时期七姨一家被下放到山西太原，她被安排在山西财经学院教外语，那时她已有两个女儿及一个儿子了。我四婆独自一人留在香港，到了20世纪80年代时便北上从女，最终在山西仙逝了。

二、我所知道的黄氏家族

由于叔公黄启明主政培正功勋卓著而德高望重，黄氏家族也就成了东山的名门望族。而我所知道的黄氏家族成员，有以下三个特点：

（一）从事教育工作的人多。据我所知，家族中从事教育工作的有很多，比如我父母、我丈夫都是当教员的，我婆婆卢秀珍也是在培正工作的老师。还有一位表姐是在厦门大学教生物的，已退休，现年93岁。

（二）担任教牧工作的人多，曾祖父黄心堂便是牧师。我有一个在美国的表姐，80多岁了，她的夫君也是牧师，今年应该有99岁了。我一个舅父叫黄汝光，是伯公黄启信的儿子。他在美国本来是学建筑出身的，后来他却全身投入教会工作，取得了非凡的成绩，被推选为世界浸信联会的主席。世界浸信联会是世界上100多个国家的浸信会机构推选出来的国际性宗教组织，其主席职位以前都是由欧美人士出任。舅父黄汝光先生乃是充任这一宗教领袖职位的全球首位华裔人士。

舅父一家在去美国之前住广州东山的合群二马路，他到了美国之后，也经常带着子女回来。他回广州就一定会去东山堂探访唐马太牧师，有时又会率领一些教会组织的访华旅行团来穗。可惜舅父现已作古了。

（三）似乎都有糖尿病史。

三、我自己的家庭

我的祖籍在台山都斛，但在广州东山出生及长大。先父及先母均系培正的教员，从事教育工作。

先父自己取名为麦哲伦，对于子女的教育培养，他所采取的是非常宽松的态度，给予我们充分的自由，我们喜欢干什么就干什么。比如关于我们的学习成绩，当时实行苏式五分制，父亲当然希望我们全部科目考试都拿五分；但是我有点反叛，常常喜欢说只要拿三分以上，能升级就万岁啦，父亲听了也不说什么。又比如我喜欢课余时间去游泳，他都放我去的，不会阻挠和禁止。我的母亲思想也很开放，喜欢子女独立，所以她也不会不放心我去游泳。我以前经常在共和路的铁路游泳场游水，现在还是记忆犹新。

小的时候我经常去东山堂，每个礼拜天去参加主日学，当时我们几个

麦尔根女士（吴伟鹏摄）

小孩非常开心。唐师奶（唐马太牧师夫人）带领我们这群小孩子唱圣诗，给我们讲《圣经》故事，派发一些印刷精美的彩色公仔纸，上面有《圣经》的金句以及有关的基督教故事。我们还时常在东山堂的草坪上玩，那时草地面积很大，我们会玩捉迷藏、捉兵贼等游戏。但到了20世纪60年代我们就不去东山堂了。在“文革”中东山堂被占用，改为“东山区人民会堂”，那里堆放过抄家物资，又不时开批斗会斗“牛鬼蛇神”。

我小学也是在培正读，当时我母亲及阿姨都在那儿教书。我记得我的班主任是杨元杰的太太。杨家与培正关系非常密切，杨元杰的父亲曾任培正中学校长。

我的先生叫莫乃文，也是老师，教英文的，当过市二中的校长。婆婆卢秀珍女士已是百岁老人，仍健在，能外出，只是现在耳朵不太灵光了。她退休前在东山区人民医院（原邝磐石医院）当护士。

培道岁月之忆

口述：陈宗蕴　　整理：吴伟鹏、郭婉玉
时间：2018年3月　地点：广州番禺陈宗蕴家

编者按：陈宗蕴女士曾长居于东山启明路，她毕业于培道中学，后在北京大学攻读物理，现为华中科技大学退休教授、领取国务院特殊津贴的物理学家。她的丈夫黄念宁是在苏联杜布纳联合原子核研究所工作过的核物理学家，博士生导师，是领取国务院特殊津贴的物理学家。公公黄侃则是章太炎的得意门生，是著名的国学大师。

一、圣神学校

我小学时就读于大新路美国修女办的圣神学校。圣神的管理是很严的，我妈妈就是哪里最严就让我到哪里上学。正是在这些修女的教导下，我才学会了弹钢琴，并将此作为我的终生兴趣。现在想来，那些修女真虔诚，广州的夏天那么闷热，她们还把头包得严严实实的。

我记得在圣神学校，每次考试后就让我们集中在礼堂听宣读名次，考第一的胸前就挂一个牌，每次宣读名次的时候我都特别紧张。平安夜的时候，我们晚上11点被叫起身去圣堂下跪，一跪就是一两个钟头。虽然那时我才八九岁，但这些场景我记忆犹新。这所学校当时一个班几十人，大约有300名学生，在我的同学中有许多孤儿。

二、转学培道

1949年时，时局紧张，为避战乱，我爸爸就把我送去香港，我在香港培道读了一个学期。但我不太喜欢香港，所以1950年局势暂时安定后就又回到了广州，住在恩宁路，进了协和中学读书。读完初二，就随家人搬来东山居

培道中学校徽（资料图片）

由著名澳洲建筑师帕内设计的培道中学耶德逊堂（资料图片）

住，这样自然就到了培道女子中学当插班生了，并且在培道中学念了四年书。在我的脑海里，20世纪50年代的老东山十分宁静，治安也很好，我有时晚自修后10点多一个人回家也非常安心。我当时住在启明路，记得有一位邻居是广州的副市长。我上大学后，家人仍住在东山直到“文化大革命”时期。

在东山培道上学那四年我是读得很高兴的，培道师资优良，学习轻松，我遇到了很多优秀的师长。其中有校长陈慕洁，她一辈子献身教育事业，终身不嫁，敬业乐业，尊师爱生。她还在20世纪80年代把积蓄下来的一万多元捐献给了教育事业。此外，她还聘请了许多高水平的老师来教我们，比如教物理的谭婉容老师、教数学的吴汉明老师、教语文的刘公铎老师、教英文的李家玉老师、教音乐的赵方幸老师、教化学的廖汉英老师、教导主任易铁允等。他们本身学术水平很高，在中学授课是绰绰有余的。1952年高校院系调整后，他们之中的不少人都调到了华南师范学院等高校去了，可见他们的业务能力之强。他们对学生们要求非常严格，像刘公铎老师批改作文时给的最高分从不超过90分，通常写得最好的文章也顶多给个88分，这样学生就不会有自满情绪。数理化老师经常会在讲课中，在同学们毫无准备的情况之下突然对大家进行课堂小测验。这种突击是经常发生的，于是，同学们上课一定会聚精会神，不敢交头接耳、开小差。然而，我们都很尊重这些老师，知道这样做是为我们好。当然我们会有和老师持不同看法的时候，我们会提出来辩论一下，但这不会引起任何问题，师生之间的人格是平等的。直至如今，

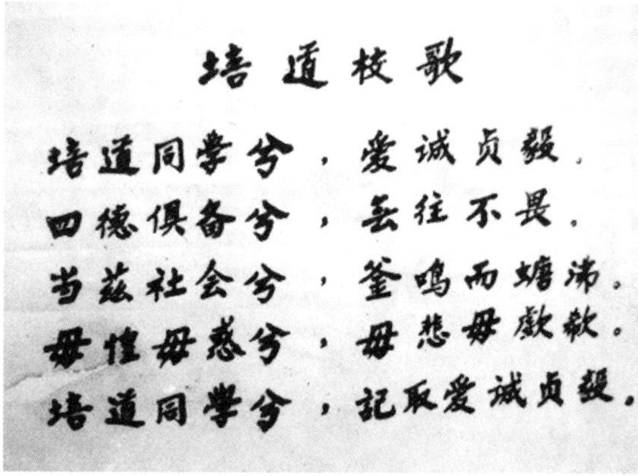
培道校歌

培道同学兮，爱诚贞毅。
四德俱备兮，无往不畏。
当兹社会兮，釜鸣而螗沸。
毋惰毋慈兮，毋悲毋歔欷。
培道同學兮，記取爱诚贞毅。

培道校歌（资料图片）

我还同培道的老师保持来往。像吴汉明老师，我以前过年都会去探望他，从国外回来的同学也会专程去探望他。后来他去了养老院，我就打电话去问候。又如赵方幸老师，她的先生黄飞立老师从美国留学回来后就在中央音乐学院任教，赵老师亦随之北上调入同一所学校。我们一直很怀念赵老师，2009年我去北京时去他们家做客，我们整整待了一天；他们还专门做白切鸡招待我，当时赵老师都87岁了，黄老师则已92岁，但依然神采奕奕。

此外，在培道学习期间，我还可以参与很多有意思的社会工作。比如我曾先后当过学生会的文化部部长和副主席，高一时代表学校参加广州市的人民代表会议，高二时代表学校参加了广州市首届妇女代表大会。另外，当时还有个叫“姐妹班”的活动，于是我高一时便有了一个初一的小“妹妹”。这个“妹妹”叫谭慧娴，她的体操十分出色，参加全国比赛拿了平衡木的冠军，但后来她好像因为受伤停止了训练。她后来入读了华附，然后毕业于华工，我们现在校庆时还会见面哩。

20世纪四五十年代培道女生的校服为白色旗袍（资料图片）

不仅如此，在培道我还发展了课外兴趣，主要是音乐。赵老师教我们的时候已经使用五线谱视唱了，她给我们打下了很好的基础。她曾经组织过培联（培道、培正两校）合唱团，我就作为团员参加过《黄河大合唱》排练。另外，我的钢琴是跟赵碧珊老师学的，她后来去了星海音乐学院任教，在广州也算得上知名的钢琴家了，她在前两年才过世。她的妹妹赵碧璇与我同班，考上了中央音乐学院，后任中央音乐学院教授。胡锦涛主席有一次在电视上高歌，就是她伴奏。她现还在北京生活，但不幸在几年前中风了。

三、情系北大

陈宗蕴讲述自己的故事（何志达摄）

由于我中学时物理成绩特别好，老师们都鼓励我考北大物理系，所以在培道毕业后我就上了北大。培道在我那一届毕业生仅40余人，考上北大的有一两人，我读物理，另外一人读化学。像之前说的，1952年高校院系调整时调走了很多培道的最优师资，我们五四届的教学质量不受到负面影响是不可能的。那一年北大物理系就录取了15个广州学生（广雅中学9人，华师附中4人，培正与培道各1人），整个中南区（两广两湖加上河南）则一共考上了30人。

北大最大的优点就是大师多。我们物理系主任褚胜麟是留美的海归。当时中国科学院刚刚成立，我们北大物理系就有五个学部委员（相当于现在的院士），这是很了不起的啊。物理系的叶企孙先生及饶毓泰先生是中国物理学的开山鼻祖，堪称泰斗了，大家都熟悉的“两弹一星”元勋王淦昌先生就是他们的学生。我在资料室查文献的时候常见到他们两位。叶先生是搞磁学研究的，与我专业不同，并未直接给我上过课，但他在资料室拿着笔记本认真抄写的模样，对我来讲就是极好的身教。那时没有复印机，一切依靠手抄，但他却不会让研究生代劳，一切亲力亲为，这对于年事已高的长者来说是非常难能可贵的。

在北大上学和中学不可同日而语。中学时我可谓优哉游哉，不需怎么用功，大学就不同了。我们当时用的是苏联莫斯科大学的教科书，难度很大，要学的知识又多又深。学校规定主科一科不及格就要留级（只能补考一次），我压力非常之大，我有段时间紧张得晚上失眠，差一点要休学。我们入学时有200多位同学，分成七个班，到了三年级就少了一个班，可谓是严进更严出。但在北大也不全是文化课的学习，还是有很多课外活动。我那时参加校舞蹈队，常在北京市参加演出，还曾经到内蒙古表演。

陈宗蕴与丈夫黄念宁（陈宗蕴供图）

北大可谓人才辈出，我们全班40人左右，就出了五个院士。1958年中国科学院决定成立声学所，是从电子所分离出来的，主事的专家马大猷点名要从北大物理系抽人。我们当时正在读五年级（毕业班），就有十几个同学被选调过去了。后来该所的正副所长以及学术委员会主任，都由我的同学包揽了，他们就成为这个研究所的元老级人物。而当时国家为了培养半导体方面的人才，就从五校（北大、南开、南大、厦大、吉大）抽调四年级的学生，在北大集中培养，中国第一批半导体骨干就是这里培养出来的。当时中国半导体的权威是北大的王昆教授和刚从美国留学回来的谢希德（后任复旦大学校长，她常喜欢穿旗袍）。王昆先生成就非凡，后来得了国家最高科学技术奖，现已作古。

那时北大有太多的"明星教授"，比如我的研究生导师杨立铭教授，他在英国留学，老师是量子力学创立者之一的玻恩（诺贝尔奖获得者）。还有我先生读研时的导师胡宁先生，他是留美博士，师从冯·卡门（火箭权威，钱学森的老师）。所以我的先生读研时便随导师前往苏联杜布纳联合原子核研究所从事科研工作了。这个研究所是整个社会主义阵营合办的，每个国家都派出一些优秀人才参与核科学的研发。那时读研跟现在的研究生很不同，我们那会儿全部自学，从来无人给我们上课。老师指定书目，我们自习，每月见导师一次，去时将读完的书写成摘要带给老师批阅，共同讨论，就是非常强调自主精神、独立思考的能力。因而我自己带研究生的时候，也是不开课的，让他们自学，讨论研究，达成结论后一个人作总结发言，其余的人补充，他们讲不清楚时我才开声讲。

四、家族状况

我的祖上是浙江人，曾祖父从浙江到番禺来做生意。当时我家的祖屋在广仁路，面积很大，就是现在越秀区第一人民医院所在地。抗日战争时祖屋被日本飞机炸烂了，只剩下一片废墟。那里原本叫作都府街，但我未曾在祖屋住过。我的父母很喜欢东山的环境，虽然之前总是搬来搬去，最后还是选择了东山。

我记得，我爸爸和孙中山的儿子孙科以及那时广州商会的会长邹殿邦来往较多。因为爸爸从日本留学归国后一直从事铁路工作，当过铁路局局长，当时孙科曾任铁道部部长，与我爸爸是上下级关系。孙科来广州时，我爸爸带我去见过他。邹殿邦主要做盐业生意，经常需要很多火车车皮运盐，所以和爸爸在业务上来往很频繁，后来自然也就成了好朋友。1945年底我们家从大后方回广州，还先在邹家住了半年。邹家公子邹至庄在国外发展很有成就，20世纪80年代更被中国政府聘为顾问。

陈宗蕴在家中练习钢琴（何志达摄）

后来由于爸爸不满国民党腐败，便转到了上海，在华南米业公司任职，不料淞沪会战爆发，一家只好在1937年12月从上海坐意大利的邮轮转到香港（二哥后来和我说，当时他在上海大新公司附近的楼上，还能望到四行仓库上飘扬着青天白日旗，但周围很多地方已经遍布日本国旗，那时他也感到大事不妙了）。抗战时期任西南公路局局长的父亲把我交给了在衡阳的婶婶，后来经贵阳转到重庆大后方。婶婶对我非常好，把我当成自己的女儿一样对待。婶婶后来成为幼儿教育专家，长居香港。

我父亲和叔叔都曾是搞铁路管理

的，叔叔抗战胜利后去东北接收铁路。父亲最后的时光是住在东山署前路，我家与当时在署前路开诊所的杜兆基医生交情很深。我大哥是华西大学毕业的，1948年就在香港工作，后来移民去了加拿大。二哥抗战时为了救国报考少年空军学校，被百里挑一地录取了，1949年少年空军学校迁台，他不去，在广州入读岭南大学先修科学，后在中山大学外文系掌握了英文、法文，先后在广西和广州番禺教了差不多30年中学，直到20世纪80年代初才转到华南农学院工作直至退休。我研究生毕业后分配到暨南大学任教，“文革”中暨大与华师合并，我在那里待了几年。后来暨大复办又回到了对面，直至最后调到了华中科技大学，工作到退休。

母校恩师逐个夸

作者：雷鸣夏　时间：2017年8月

培道中学全体教师合影于20世纪40年代末，陈慕洁校长也在其中（资料图片）

古人云人生三大乐事，金榜题名时乃其中之一也。回想我首次“金榜题名”，便是1957年夏天在寺贝通津市三十中（培道女中）门口墙上张贴出来的新生录取名单中出现了本人的名字。我立时心中大喜，因为马上可以摆脱被别人叫作“小学鸡”的不爽，终于荣升为中学生了。

我头一回走进三十中的校园，却发生在1950年，那时我正在培正小学读一年级，是时家住龟岗，寓所的一部分租给了王孝光老师母女。老师的女儿郭友书姐姐那会刚好就读于培道，她弹得一手好钢琴，要在学校的文艺晚会上露一手。演出当天晚上友书姐姐热情邀请我同去培道，为了去捧她的场，我欣然从命，于是生平第一回参观了这所女子中学。

世易时移，培道女中不久易名市女二中，1956年又改为市三十中，更加开始招收男生了，而咫尺之遥的培正中学，也易名为市七中，却只办高中了。我1957年小学毕业，便顺理成章地考入三十中，记得去报到注册那日，我的心情既兴奋又紧张，不知道中学为何物，还一味担心老师对学生严厉凶恶。进入校园后，我们先在接待亭前面排队报到。人数不少，但等候时间并不算长，教务处的老师接过我递上去的考生证，十分和气地看了我一眼，满脸堆笑地对我说：“雷鸣夏同学，你的名字很有意思呀，是爸爸给起的

培道中学早期校园全图（资料图片）

吗?”这一句赞美的话让我心里顿时便如同灌了蜜糖，甜滋滋的，所有的紧张和恐慌一下子烟消云散了。

陈慕洁校长（资料图片）

开学之后，我们在新生堂三楼礼堂举行开学礼，聆听陈慕洁校长讲话。陈先生雍容高贵，赫赫威仪，同时又不失慈爱和蔼，平实亲切。她走上讲坛便产生出强大的气场。她讲了许多做人的道理和学习的方法，我们这班初来新到的莘莘学子，无不洗耳恭听，心悦诚服，受教匪浅。随后教导主任杜老师向我们介绍学校的概况，抚今追昔，娓娓道来，很有点学者风范，令我好不钦佩，兼且大涨知识。跟着上台的是一位刚刚退休的长者，他是刘公铎老师。只见他老人家，银须飘动，步履坚稳，中气十足，老而弥坚。刘老先生代表全体教师欢迎新同学入校，又对我们表示了殷切的期望与恳切的祝愿，我从来未想过老师中竟有如此德高望重的智者，当时虽不懂什么叫作儒者之风，但今天回忆起来刘师正是如此。

我考入三十中时刘公铎老师（后右）刚好退休，林恩光老师（后左）已调往培正小学任校长，禤伟灵老师（前左）曾任培道中学校长（资料图片）

我被分配在初一（3）班，班主任是沙滢老师。她三十出头，是一位退伍军人，亦是军人眷属。沙老师不时穿上一身染成黑色的旧军服（应是文工团员才有的类似连衣裙的制服），手上总夹着香烟，一口纯正的京片子让我叹为观止。沙老师教政治课，讲课内容我觉得似懂非懂，不过测验起来我基本上都可以拿到五分。我阴差阳错地被选为班上的生活委员，每周一次的班委会都

右第六人为沙滢老师，中坐者是苏联卫国战争女英雄卓娅的母亲（资料图片）

会到沙老师的宿舍里头去开。她的房间收拾得十分整齐，简直可以用一尘不染来形容，每次开会都有一种温馨的气氛，师生围坐一圈，如到沙家做客一般。师生关系非常融洽。

初一下学期突然更换了班主任，由汉语课老师宋学筠先生担任。宋老师的风度与沙氏大相径庭，据我后来和她熟悉了所知，宋氏出身于新会的名门望族，乃大家闺秀，接受过高等教育，大学毕业，肚中文墨自是不少。但宋老师绝非旧式人物，她也在努力适应新社会，尽量赶上新时代的步伐。记得1958年我们一度停课去参加义务劳动，开挖东山湖。宋老师的身材属于娇小类型，比较矮小。我们在崩口塘中挖泥搬土，水深几乎齐腰，因而大家都劝宋老师不要下水，在岸上搬泥即可，但宋老师非要身先士卒，起带头作用，奋身步入泥潭之中。宋老师走了几步便打了个趔趄，看样子非跌倒不可。幸亏两个个子较高的男生眼明手快，一把扶住了她，并且顺势将其架走，让她返回岸上。一个身娇肉贵的富家小姐能如此认真地参加体力劳动，且不怕困难，无惧危险，是多么叫人肃然起敬！回想起在“反右运动”中有大字报批判宋老师浑身资产阶级思想作风，不愿意改造自己，真是太过委屈她了！

前排右起第四人为宋学筠老师，后排左起第三人为余礼宗老师

初一时的几位科主任我亦没有忘却，他们的音容笑貌会不时浮现脑际，教算术的潘瑞香老师讲书非常认真，表达清晰明白，对课堂纪律管得很严，甚至对她亲朋好友的子弟也毫不客气，不给面子，该点名就点名，该批评就批评，足见其对同学们的学习特别上心，对工作一丝不苟，绝不敷衍塞责。教中国古代史的李实老师亦留给了我深刻印象：他总是一身正气，大义凛然，每当讲起岳飞、文天祥、史可法等人的事迹，他就一脸严肃，提高调门，表情凝重，抑扬顿挫，把他对爱国志士的仰慕崇敬之心形象地表现出来，务求尽量深刻地打动他的学生，把爱国情怀传承下去。在我的心目中，

李实老师本人就是一个忧国忧民的知识分子，他的拳拳赤心展露无遗，令我们敬重。教音乐的温佩兰老师住在我班课室一板之隔的小房间里。有一天我们突然发现从她住处走出了一位衣衫褴褛、曲背弯腰的大爷，看样子是从相当贫困的农村走出来的乡下人。我们十分惊讶怎么会有叫花子一样的穷苦老人住在学校。后来才知道温老师家乡遭受了巨大的自然灾害及人为祸害，民不聊生。温老师毅然把老人接来广州生活，宁愿让自己并不富裕的生活雪上加霜，显示了她作为女儿的一片孝心，是十分值得称颂的。相比那些从乡村入城之后一年土、二年洋、三年不认爹和娘的不肖子孙，温老师的思想境界不知高了多少。

初中时的总辅导员陈孟凌老师（雷鸣夏供图）

升上初二，我们有两位班主任：李宝池老师和孙寿娥老师。李老师上地理课，走马上任时正身怀六甲，将为人母，但在我记忆中沉重的身子并没有影响她的工作。她上课时依旧谈笑风生，做管理教育工作细致入微、和风细雨。李老师特别重视发挥班干部的作用，充分调动了大家的积极性，所以事半功倍，效率奇高，她自己也可以争取到更多休息的机会。她挺着大肚子却健步如飞的模样在我脑海中一直挥之不去。

孙老师也是军嫂，但不住在学校里。每天我们见到她骑着一辆28寸的男式永久牌单车上下班，手上一定戴上纯白色抽纱手套，有点欧洲贵妇人的气质。她个子很高，一派温文尔雅的样子。同沙老师一样，她也是政治老师。在那个年代的政治气氛中，她免不了要时时应景，唱唱高调。一次，她带我们去萝岗乡下劳动，适逢人民公社化运动如火如荼，集体饭堂吃饭不要钱，大家尽可放开肚皮吃。但其实饭菜不算好，餐餐都是椰菜加榄角，我们都吃到反胃了。有一天下雨，不能出工，安排政治学习。在小组讨论中，孙老师热情歌颂人民公社的优越性，竟说在这里的饭菜是她从未吃过的美味。孙老师这么说当然是违心的，于是引起一个同学拍案而起，大声指责她口是心非。孙老师却不发火，轻声细语地说这是她的个人体会，大家不同意可以畅所欲言。她没有给看法不同的同学扣帽子、打棍子，在当时来讲，这亦算很不容易了。

在初二的老师当中，代数老师黄铭信是一个响亮的名字，我从一本叫作

《中国当代发明家》的书中发现了有关黄老师的报道，原来他曾发明了一个自动电铃系统，为学校人工敲钟画上了完美的句号。黄老师上课只带几只粉笔，教案老早就已牢刻在他脑中。每堂课他只需要讲解两道例题，就能让我们搞清楚且又容易记住。多余的时间他会讲一些有关数学和科学家的故事，激发我们对科学的兴趣，勉励我们刻苦钻研。黄铭信先生在“反右运动”中不幸被批斗戴帽，却依然忍辱负重地对我们精心栽培，他心中的悲苦又有谁知？！

生物教员余礼宗老师讲书生动有趣，课外则平易近人。他当时负责指导我们班饲养兔子，一有时间便待在兔房里，手把手教会我们如何准备饲料、如何综合喂养、如何清洁兔笼、如何建造兔窝。每当有雌兔临产，余老师便夜以继日地守候在侧，一旦母兔分娩即会喂其饮水，免得它咬伤小兔。有的母兔产仔数目太多，乳头不够分配，余老师便亲手带领我们让母兔轮流哺乳，每隔一段时间便置换乳兔，实施公平分配，机会均等。由于老师言传身教，为我们树立了雷厉风行、不辞劳苦的好榜样，众多同学都有样学样，经常以兔房为家，为学校的养兔事业尽心尽力。

同样值得尊重的还有教美术课的吴馥余老师。他曾是留日学生，以油画见长，出版过画册，举办过画展。可他给我们上课时从不摆出海归和画家的架子，而是恰似一位邻家伯伯，亲和力特别强，令大家如沐春风。记得他为了教我们人物素描，毫不顾自己年事已高，挺身而出，自作模特，站在讲坛上让我们写生，足足站了大半堂课，中间并不曾休息。这种乐业敬业、工作第一的精神，高山仰止。

上图是我的中学美术老师吴馥余先生。他先后毕业于上海美专与日本东京（上野）美术学院，在培正教书凡40年，培养了不少美术苗子。本人亦勤于作画，举办过许多个展，出版了个人画册（陈茂林供图）

终于升上初三毕业班了，班主任换成了冯珊老师。冯女士40余岁，为人谦厚，对待我们就像对待亲生子女一般。其实她人生经历颇为辛酸坎坷，据闻她那时刚刚遭受丧夫之痛：夫君在“反右运动”中备受迫害折磨，无法忍受，不得不选择了自杀，命丧黄泉。然而在我们面前，冯老师总是强忍

班主任冯珊老师（雷鸣夏供图）

住内心的悲痛，一点也不因为个人的悲伤而在学生面前怨天尤人，多愁善感。她完全不希望把她内心的哀伤情绪传染给我们。我们面前的冯老师是一位阳光而坚强的女性，她传递给我们的尽是正能量。她非常注重培养同学们的集体荣誉感，培养班集体的凝聚力和向心力。皇天不负有心人，在冯老师的教导与带动下，我们初三（2）班成了一个同心合力、众志成城的强大团体。在当年广州师院附中（三十中与七中合校之后的名称）校运动会中，我们一个初中班赢得了团体操第二名及总分第六名，竟然超越了许多老大哥班级。

带给我们正能量的还有初三物理老师李泽云先生。我们班迟到现象一度比较严重，李老师并不以严厉的方式斥责迟到的同学，而是循循善诱地对他们说："你们知道我住在哪里吗？我家在如意坊，靠近西郊泳场。每天我骑单车一个小时从西往东，穿越整个五羊城，还要通过铁路闸口，所以要预留更多的时间。可是我准备充足，有较大的安全系数，所以从不迟到。相信你们家都在附近吧？而大家又比我年轻许多，精力充沛，怎么反而会迟到呢？"在李泽云先生的感召下，迟到的同学都深感内疚，即刻痛下决心，消灭了迟到现象。

我还忘不了风趣幽默的初三化学老师伍广德先生。他是转业的空军军官，有一条腿好像受过伤，有点儿不良于行。伍老师是理科先生，讲话时却文采斐然，之乎者也常挂口上，记得他特别喜欢用"所谓……者，……之谓也"的句式来引起我们的兴趣，使我们更加容易记住化学名词，比如"所谓烧碱者，氢氧化钠之谓也；所谓纯碱者，碳酸氯钠之谓也"等等。伍老师说话的语气时常夸张，有时故意怪腔怪调，目的在于制造活跃的课堂气氛，提高大家的学习兴趣，伍广德先生不能不说是用心良苦，为了提振大家的学习兴趣，可谓不遗余力了。

离校半个多世纪，光阴如白驹过隙，稍纵即逝。但时间长河里藏着许多记忆的金沙，历尽春风秋月，反而愈发闪光了。我高中转到了别的学校，但广师附中的岁月始终永留心间，不曾忘却，永远与天地同光。

怀念培桂中学

口述：郭焕章　　整理：何志达
时间：2018年4月

编者按：2018年97岁的郭焕章先生是培桂中学复校后的首届毕业生，由于年事已高，很多事情他已经不记得了。他印象中的培桂中学虽然校舍简陋，条件艰苦，但老师亲切，讲课生动风趣，给他打下了良好的文化基础。十六中八十周年校庆的时候，他特地携带当年的毕业证书归宁母校，见证马君武校长铜像的落成。

郭焕章老先生参加十六中八十周年校庆（资料图片）

我是1922年出生的，我爸爸是福建上杭人，1912年他来到广州国民党第四集团军总部服役；我妈妈是广州人。当时我住在中山纪念堂附近的大石街，小学在大石街的广州十七小学读书。时隔多年，很多事情我都不记得了，但我到现在还记得小学校歌：“十七小学，姐妹兄弟同堂……”我记得十七小学很多老师都很好的，如音乐教师，还有图画教师，都是很好的。教图画的老师就是留着长发的，那个教音乐的女老师是歌唱家，唱歌好好听，歌声似乎绕梁三天，不绝于耳。那时我还去参加合唱团演出，用广州话唱的。

我爸爸很用心栽培我，经常和我讲四孝。1945年抗战胜利后培桂中学搬回广州，爸爸不怕路远，专门带我入读培桂中学。由于我家离学校很远，所以我上学要很早起身。培桂那一带当时是叫作百子路，那里有很多菜地，对面已经有中山大学医学院了。当时附近很少店铺的，我们中午连吃饭的地方都没有，学校中午又没有搭食，老妈就煮了饭让我带回学校吃。每逢冬天饭就凉了，但那时我还年轻，不怕吃冻饭。但是学校的多数同学是住在东山，我住得比较远，放学之后就回家到附近的纪念堂玩，有时也上中山纪念碑走走。

畢業證書
學生郭煥章係福建省
上杭縣人現年十六歲
在本校
修業期滿經參加中學
畢業會考得總平均分
數八〇、八四分核明及
格准予畢業此證
校長 馬君武
中華民國 十六年 月 三十一日

郭焕章老先生在培桂中学的毕业证书，上有马君武校长的签名（资料图片）

我们在培桂中学读书的时候条件很艰苦的，学校很简陋，脚下是泥地，课室和球场都只是用竹子架起上盖的，刮风下雨也是在竹棚上课。没有钢琴，没有音乐社团，图书馆都没有，电影放映机、显微镜那些设备更是我们不敢奢望的。

学校人不多，一个级只有两个班而已；一个班五六十个学生，一个级也就百来人，男女生都有的。老师讲课都是用粤语的，对学生很亲切，功课不多，但是要求是很严格的。我印象最深的是物理老师，他和我们讲光的反射、作用力与反作用力，讲飞机为什么可以转弯，还有讲英国的趣事，都讲得很生动，我都记得很清楚。

体育课主要是跑步、踢足球、打篮球，也有早操，早操就是跑步。课余时间，由于我个子小，就喜欢在操场踢足球。我记得有次踢球的时候被人欺负过，那次我去追足球，他们就是硬要拦着我，想我摔倒。不过打架是没有。

培桂同学之中我只记得有个女生叫余国珍（音），人很漂亮。我去江西农学院上大学之前曾托她帮我介绍工作。还有男同学殷博文（音）、吴启真、吴郁波（音），都不在了。记得有一次我和同学去吃街边的炒牛河，又有一个同学请我喝街边的酸梅汤，可惜后来和他们都没有联络了。毕竟那时又没有电话，又没有手机，什么通信工具都没有。

那时还是马君武先生当校长，虽然我没见过他，但是我的毕业证书是他签名的，我是培桂广州复校后的首届毕业生。那时我课本都没有，要去文德路买旧书。不过我年轻时记性很好，基本过目不忘，毕业时总平均分都有80分。

我中学毕业之后，就回福建教了一年小学，后来考上了江西农学院兽医系。因为当时读农学院不用交学费，吃饭也不用钱。当时猪瘟很流行，农民最怕的就是猪瘟，所以我主要就是学医猪。大学的时候我也很喜欢学英语，也学过俄语。大学毕业以后我就被分配回广州，在梅花园管理猪场。那个年代普通人吃猪肉要凭票的，一个月一斤肉票；但因为我是管理猪场的，去到猪肉铺那里叫他切多少就切多少，所以那时有句俗话说“广州三件宝，医生、司机、猪肉佬”。

在郭老家访谈后的合影，从左至右分别是郭焕章老先生、吴伟鹏、雷鸣夏（何志达摄）

我家有几个兄弟姐妹，我是大哥，爸爸很大年纪才去世。我是34岁结婚，现在五个子女都在广州，六个孙女都很大了，四代同堂。我的退休生活挺好的，平时写点诗画点画。我今年都97岁了，还有什么没有经历过呢。我觉得长寿要靠智慧的，所谓心宽看自己，得意可养生。最重要的是心宽，一定要心宽，看得开，别想那么多的事情，要乐观一些。

十六中八十周年校庆，我特地去参加，并见证马君武先生铜像落成。现在校园跟以前完全不一样了，漂亮多了，但当年的点滴，仍永远留在脑海之中。

第三章

东山少爷

DONGSHAN YOUNG MARSTERS

我所熟悉的几位东山少爷

作者：雷鸣夏　时间：2019年5月

每当我走过龟岗口的东山少爷公园，都忍不住停下来细细端详东山少爷群像雕塑。此时此刻，我的感情潮水闸门必会打开，心中泛起一片涟漪。看着他们，感到似乎离我十分遥远，忽而又觉得他们离我其实很近。

在80后、90后、00后的心目中，“东山少爷”可能只是一个虚无缥缈的符号，又或者只是人们口耳相传的杜撰人物。但对我而言，他们却是有血有肉、货真价实的存在，其音容笑貌、举手投足仍在我脑海里每每浮现，鲜活的记忆不呼已出，挥之不去……

一

若要找出最早的或称作第一代的东山少爷，我觉得冼子龙伯伯当之无愧。冼家与先母的伍家是世交，冼子龙父亲冼锡鸿老先生（美国归侨，曾任庙前西街赖神浸信会主任牧师，后创办了南华置业公司及嘉南银行，对于开发东山与西濠口的房地产厥功至伟）。他同我外公伍时达交情匪浅，故先母向来称冼子龙为“大哥”（他是冼家长子）。

冼子龙（资料图片）

冼子龙是培正中学出身，他在求学时与名人梁宗岱同班，又结为莫逆之交。每次与冼伯聊天，关于梁宗岱的话题总是绕不过，因为冼子龙非常清楚梁的近况与动向，我亦得以了解梁教授的一举一动（梁宗岱培正毕业后留法，结识了罗曼·罗兰，两人成为终身的好友。梁回国后不但成为法文教授，更是翻译了许多世界文学名著，又写了不少新诗，一直是广州文艺青年的偶像）。梁在“文革”中无书可教，遂返回广西老家，上山采药，自制药膏药酒，这是冼伯最为津津乐道之事，还带过一些药酒给我父母。冼子龙先生的事业可分为两段，先是外交官生涯，被派驻墨西哥，办理商务侨务，回国后担任广州有名的新亚酒店（乃其父与著名建筑师杨锡宗合作建造的新古典主义宏伟大厦）的总经理，直至退休。冼伯主政新亚酒店时，搞了一个“八重天”和“十重天”（后者为天台上成功加建的一层），一时成为羊城高级宴会胜地以及西式婚礼必选场所。在冼伯的精心经营打理之下，新亚酒店不仅扬名省港澳，而且誉满海内外，业务蒸蒸日上，生意源源不断。

唐马太（左）、梁宗岱分获1923年广州演说比赛第二、三名（资料图片）

冼子龙是个爽朗、风趣、健谈之人。他们一家都是长寿健康之辈，冼伯乃父冼锡鸿与胞妹冼素兰均活过了100岁。冼伯80余岁仍踩着单车满广州飞，我们往往未见其人，先闻其单车铃声。每次他来家里做客，家中气氛都会顿时活跃起来，令寒舍笑声不断，欢乐不停。其实冼伯也有烦恼与不幸，可他都是一笑置之，并不折磨自己。十年动乱中他被赶出保安街大宅，被迫迁往市中心一间大公厕旁边的房屋中。他告诉我们这事的时候，还大大地幽了一默。他说：“我依家系真正的老坑啦——老咗就闻屎坑之谓也，哈哈哈……”其实这是一个不愉快的黑色幽默。他过的日子可想而知：不开窗闷热难受，打开窗臭气扑鼻，好一个两难的选择！然而在他口中，只能成为笑话而置之度外了。

由于种种原因，冼伯终身未娶，膝下空虚。不过冼伯是一个感情丰富、敢爱敢恨的人。有一段时期街坊盛传他与一个摘帽右派分子女友搞地下情。冼伯不怕风言风语，两人勇敢地出现在公众视线中，正常交往，并不退缩。八卦之人嚼了一会舌头，也就自觉无聊，闭上嘴巴了。

风度翩翩，言谈有趣；来时一声笑，去时一阵风。这是冼子龙驻留在我脑海中的印象。我常常觉得，真正的东山少爷，定是这般模样。

第一代东山少爷中的佼佼者，还有著名骨科专家邝公道教授。邝公道是东山邝磐石医院创办人的公子，1916年出生。他17岁赴德国留学，1939年在柏林医科大学取得医学博士学位。1946年前，邝公道在德国行医，曾任军医。

邝公道（资料图片）

1946年回国后，邝公道曾先后出任陆军总医院外科主任、广州医学院外科主任、中山医学院教授及暨南大学医学院一级教授。邝公道为人勤勉，治学严谨，仁心仁术，治病出色，20世纪50年代初曾赴朝鲜为志愿军诊治，抢救了无数年轻战士的宝贵生命。由于众所周知的原因，他从德国带回广州的犹太裔德籍太太在20世纪50年代中被迫携子返回她的德国，剩下邝公道孤身一人，形单影只，好不凄凉。但他不以己悲，依然潜心钻研医术，尽力服务病人，在小儿麻痹后遗症术后治疗研究方面取得了可喜的成果，又写了专著《运动医学》，填补了国内医学在这方面的空白。此后，他又和同事们成功进行了国内首例断足再植，轰动了世界，被选为国际外科学会当时唯一的中国会员。

改革开放后邝公道得以赴柏林看望儿子邝彼得。后者是时为希尔顿酒店总经理，经济条件甚好，决意挽留父亲留德安度晚年。而邝公道最终还是婉拒了儿子的好意。他回到中国，继续上手术台，造福广大患者。邝公道晚年与一位罗姓牙医共结连理，搬入寺贝通津居住，重新有了幸福的家庭。

二

东山农林上路三横路是我青年时期常去的地方，那里住着我要讲述的一位东山少爷——黄明衡。黄家与我家有多重关系：远房亲戚、台山同乡、世交故友、大学师生。由是之故，我们两家人过从密切，常来常往。我去黄宅探访，有时是与先父同行，有时则是我自己踩单车前往。我与明衡兄及其父肇祥伯自然非常熟络。

黄明衡出生于20世纪20年代末，那时候肇祥伯早已留美归来，在广州当建筑工程师，且已有了名望。1926年广州成立了中华土木工程师学会，第一届监察委员会有执委七人，黄肇祥名列其中。他筑庐于农林上路，花园洋

培正校友黄明衡（雷鸣夏供图）

楼，精美宜居。明衡兄固然说不上是含着金钥匙出世，不过家境之优渥，成长之无虑，自是不在话下。那时候肇祥伯已经拥有自备汽车，开车上班上街。须知那时即使在东山，私家车数量也是为数不多的。

明衡兄的哥姐均受过优良的教育，哥哥负笈美国名校，姐姐毕业于中山大学；而他本人亦是出身培正，继而考入中山大学师范学院。抗战期间，明衡兄响应政府号召投笔从戎，充当盟军的翻译官，为中华民族之解放贡献了力量。新中国成立之初，明衡兄从中大毕业，他又一次响应号召，参加了中国人民解放军海军，在南海舰队文工团担任指挥。说到这里便不能不提到黄家的音乐氛围。每次我甫转入三横路，便总有美妙的西洋古典音乐旋律扑面而来，进入耳中。明衡兄嫂（嫂夫人黎洁芳系清华大学高才生，攻建筑工程）擅长拉提琴，他们的几个小朋友均习钢琴。明衡兄还时常与喜爱音乐的朋友组成弦乐四重奏小组，在他家中自娱自乐，仙乐飘飘，欢笑满屋。我最喜欢听他们演绎莫扎特的《G大调弦乐四重奏》，尤其开头的乐句，铿锵有力，明亮流畅，叫人听了奋发积极，充满能量。

从部队转业后，明衡兄来到华南师范学院（现华南师范大学）任教，先在教育系，后至外语系。明衡兄在中山大学时的专业是心理学，他的催眠术相当拿手。调来外语系之后他被评为讲师，开的课是英语教学法。无论在课堂上还是带领毕业班去中学实习，同学们都常常请求明衡兄当众表演催眠术，他亦乐于露一手。如此一来，上课气氛就活跃起来，师生关系亦变得更加亲密。明衡兄不但对人友善，而且往往主动助人，成人之美。记得1978年秋天，停顿了十余年的大学研究生招生工作重开，我报考了华南师范大学的逻辑学。我在县城初试出了线，便来华南师范学院复试及口试。明衡兄闻讯主动去找导师李匡武教授，打听我的考试分数及录取的可能性。打听清楚后他即骑上自行车满头大汗来我家里，告诉我考试成绩全校第一，可以准备回广州读研了，他就是这样一个热心人。

1981年，明衡兄全家获准移居澳门。行前他将农林上路三横路的花园洋楼出让，得到港币40万元，正好可以在澳门买房居住。在濠江居留时，明衡兄仍然离不开教育工作，先后在慈幼中学、濠江中学、培正中学执教。最后还在培正短期担任过校长职务，居澳门十年之后他们一家移民美国旧金山，在日落大道安顿了下来，在大洋彼岸安度晚年。明衡兄此时便将对音乐的兴趣重拾起来，其实离澳前他就曾在澳门电台主持过古典音乐节目，我还专程去广播电台观摩过他播音的实况，在旧金山，明衡兄收了一些学生个别教授音乐，又将很大一部分精力放在提升华人教会唱诗班的歌唱水平上。年轻时他在广州东山堂就是唱诗班成员，几十年后他可谓朝花夕拾了。即使后来明衡兄患了帕金森症，手脚抖动不已，他还是坚持战战栗栗地拄着拐杖去礼拜堂指挥唱诗班献唱。

20世纪90年代笔者与黄明衡夫妇摄于美国旧金山（雷鸣夏供图）

明衡兄不到80岁，便离世了。我相信他虽然埋骨海外，但他的灵魂早已回到了东山——他出生、成长与喜爱的地方。

三

在20世纪四五十年代，唐马太牧师在东山街坊中几乎是无人不认识的。唐牧师德高望重，抗战期间拒绝美国浸信会的赴美工作邀请，留在祖国与同胞们共赴国难，深受教友与街坊的爱戴。唐马太不但在省市基督教界成为领袖人物，而且当选全国基督教协会副会长，名扬全国。

唐牧师一家就住在东山堂内的牧师楼里，他的四个子女启信、启爱、启望、启恩全部大学毕业，事业有成。启望退休前是广西贺州市政协副主席、农业局局长。启恩是中山市某工厂的厂长。唐启信是长子，不幸病逝，我在这里着重介绍一下他的生平。

唐启信出生于1933年9月26日，之后在广州东山长大、接受教育，从培正中学高中毕业之后，他考进了华南医学院（现中山大学医学院），读医疗系。我记得启信兄读大学时真是一表人才：他头发梳理得非常整齐，三七

唐启信（宁国媛供图）

分，油亮油亮的，身上的衣着大方得体，基本上是恤衫西裤，浆烫得十分妥帖，裤线挺直，不见褶皱；脚上的皮鞋亦是擦得锃亮，一尘不染。启信兄在同龄人中显得特别成熟、稳重、淡定，一副谦谦君子、斯文人的模样。当时我们这群东山堂少年团契的孩子，都把他当作我们的榜样，对他又羡慕又敬重。

由于出身于牧师世家，祖父与父亲都是深孚众望的牧者，启信兄从小在浓厚的基督教文化氛围中饱受熏陶。当大学生时他便已经在主日崇拜中崭露头角，不时担任主礼人及读经人。面对广大会众，启信兄从不怯场，在没有扩音设备的条件下，声音洪亮，口齿伶俐，吐字清晰，大有其父风范。当时在我们大家的心目中，大概这就是标准的东山少爷，也就是家长们期望我们长大后变成的样子了。

1957年启信兄大学毕业，被分配到长沙湖南医学院附属第一医院神经科工作。自此我与他见面的机会便少了。大约在好几年后，我才在东山道青巷偶然碰上了他。那次相逢是一个相当有趣的故事：原来启信兄开始拍拖了，他的女朋友是培正中学英文教师宁大尧先生的千金宁国媛。宁老师我叫他

左为位于庙前西街的赖神浸信会堂。右为位于寺贝通津的东山堂旧貌（资料图片）

宁三叔，是我家的世交，亦是我的英语启蒙老师。国媛姐当然也是熟人，但我当时并不知道他俩正在恋爱，所以乍一见面大家都有点突兀与尴尬。道青巷是一条宽不及两米的窄巷，行人不多，清静幽邃，是情人们喜欢的地方，因为在无人之境，他们大可以做些亲密举动。在那个保守封闭的年代，恋人轧马路一般不会有身体接触。较为开放的情侣顶多也就是由女方挽着男方臂膀，当时我们戏称为“X手”。当时启信哥与国媛姐正是“X手”状态，一见到我便变得不好意思起来，两人满脸通红，手臂迅速分离。这令我非常内疚，觉得没有选对路径，坏了他们的好事。

20世纪60年代中期“文化大革命”爆发，启信兄夫妇被下放湘西龙山县，先后在乌雅河公社的红岩区卫生院及县人民医院工作。那是偏僻山区，条件之恶劣、生活之艰苦可想而知。直至1984年，启信兄才得以调回长沙市，在省肿瘤医院放疗科工作。当年启信兄考取了世界卫生组织奖学金到美国加州大学洛杉矶分校当访问学者，研究肿瘤放射治疗之放射生物学效应。这本来与启信兄原来从事的专业相距甚远，又是冷门的新兴专业，连续几年都很少人能考取。启信兄报名时医院同事无一人看好他，但是就偏偏被他考上了。这事在湖南医疗卫生界一时传为佳话，而国媛姐亦幸运地获得了出国陪读的机会。

1989年，得益于海南省的人才引进计划，启信兄伉俪得以调进海南省人民医院放疗科，并逐步升为主任医生和科主任。启信兄是个学者型医生，留美期间他一心学习，心无旁骛，极少把时间花费在别处，所以他在洛杉矶甚少逛街购物，省下了不少生活费（美元），回国后他全部交公了（一般人是不上交的）。他后来将访学成果系统地归纳总结，写出了50万字的专著《临床放射生物学》，由北京人民卫生出版社出版发行，在国内填补了一个空白，启信兄因此被评为海南省有特殊贡献的专家。

唐启信医师工作到71岁才退休，几年之后他罹患癌症，不幸辞世。他留下了一本著作，书名为《我知道我信的是谁》，2008年3月由香港浸信会出版社出版，深受读者好评。

四

朱科伦比我年长几岁，住在松岗东，他的父亲朱师晦与母亲周志求均为德国留学生。朱师晦回国后成了传染病专家，中山医学院对他十分尊重与照顾，每天派小汽车接送上下班。这在当时非常稀罕，是厅局级以上干部才能享受的特权。

朱科伦（资料图片）

朱科伦生性成熟沉稳，从小学习成绩优异，品格亦甚良好，中学毕业后，考入了父亲执教的著名学府中山医学院。毕业后他有很长一段时间在工人医院（现广州医科大学附属第一医院）工作，认真负责，救死扶伤，深受病患敬重。他擅长治疗传染病与消化内科疾病，对肝胆、胃肠病的诊治经验尤为丰富。他因此荣任研究员、教授及硕士研究生导师，科研与教学均成绩斐然。

朱科伦自小笃信基督，长期担任东山堂执事和诗班长。每当我星期天去东山堂参加主日崇拜，总能见到他身穿白袍，指挥诗班献唱的潇洒身影。他动作有力，节奏感强，态度虔诚，与诗班成员配合默契，时时叫我心存敬意。

朱科伦的夫人谈云绮是小学教师，是天心制药厂创办人谈瀛观的女儿。他们的家庭和睦美满，乐也融融。

五

同为培正校友，比唐启信年少三岁的另外一位东山少爷现在登场了。他就是笔者的胞兄雷鸣春。他出生于1936年，其时父母亲住在东山庙前西街（毛泽东旧居斜对面），顺理成章地，先母临盆时选择了同一条街的两广浸信会医院，由周志求医生（留德海归）亲手将大哥接到人世间。

周志求医生（资料图片）

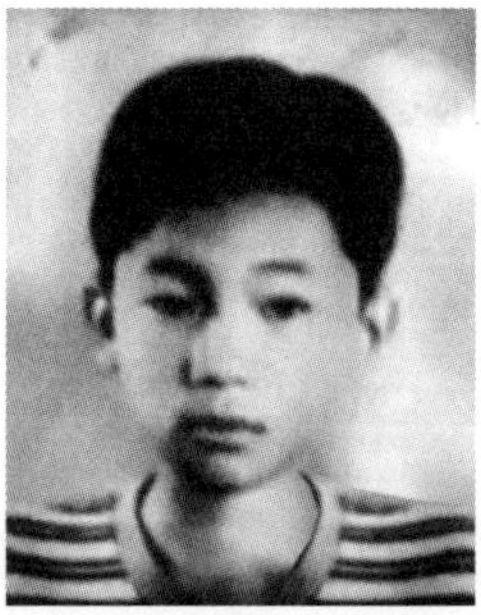

少年雷鸣春（雷鸣夏供图）

大哥生逢乱世，抗战期间不得不颠沛流离，离开广州，在粤北、赣南各处生活。抗战胜利后重返省城东山，他的东山少爷生活才真

原两广浸信会医院，是雷鸣春出生的地方，他是由周志求医生接生的（资料图片）

正拉开序幕。在战后几年短暂的和平日子里，身为将门之后的大哥可谓要风得风，要雨得雨。其时父亲率部驻防上海，大哥12岁便搭乘民航飞机赴沪探视双亲。此次旅行留下了一件有趣的逸事：大哥系与余汉谋上将的正室上官德贤夫人（余氏保定军校同学兼好友上官云相将军胞妹）同行。当时民航公司购买飞机票需要称量体重，余太太精瘦骨感，故称量结果只须买张半票；而大哥虽是少年人，却已高大老成，一称之下非买全票不可。

大哥在上海随父母住在虹桥路上一幢日本人留下的花园洋房里，有汽车代步，玩尽了上海十里洋场。是时上海ABC服装公司的老板系台山同乡，大哥去挑拣衣服，基本上是买一送一， 甚至非要一文不取。大哥在沪期间适逢祖父的好友从古巴搭乘邮轮抵沪，便与他们一同在申城畅游。两位古巴华侨老人均十分喜爱大哥，其中一人送了一辆进口单车给他，另外一人则送了大哥50美元。大哥将这些钱全数用于购买各国珍贵邮票，中国票包括了清朝的大龙票、小龙票，外国票涵盖了一些特殊的地区如巴拿马运河区及伪蒙古国所发行的邮品。大哥又买了一本考究的集邮册，将这些精美邮票一一贴上，分门别类，妥为收藏。他一直将这些珍贵的邮票带在身边，直到1966年“文革”爆发前才转交我保存。

而大哥后来的人生故事却让许多亲友意外。1949年在澳门培正中学读书之时，大哥已参加班主任老师组织的秘密读书小组，开始接触马恩列斯毛的著作，1950年返回广州入培正读高中，不久朝鲜战争爆发。一时参军成了其时热血青年的第一选择。大哥自然不甘人后，便瞒着家人偷偷去报了名。那时候新政权需要新鲜血液，来者不拒，于是戴着深度近视眼镜的大哥虽然未能如愿北上抗美援朝，却也穿上了军装成了公安军的一员。此时家中并不知道他的去向，只是猜测到了几分，父母自然是相当失望：毕竟那时大哥才15岁，接受更多更好的教育才是正途。

过了不久，外祖父的一位好友陈教授气喘吁吁地跑来报信，说是他在马路一旁见到大哥在大太阳底下赤膊挖沟渠。大哥这一类出身非劳动人民家庭的知识青年被认定是必须经过艰苦劳动才能改造思想，脱胎换骨的。这些又脏又累的厌恶性体力劳动，不找大哥他们干才怪了。

公安军后来改成了公安局，大哥似乎还受到重用，19岁入了共产党，21岁当上了市局研究科科长，直接对李广祥局长兼副市长负责。20世纪五六十年代曾掀起理论学习热潮，精读了三遍《资本论》的大哥被评为市级理论学习标兵，他的事迹上了《广州日报》和《中国青年》杂志，珠江电影制片厂专门为他拍了一部纪录片，大哥写的文章刊登在中共中央理论刊物《红旗》杂志以及广东省委理论刊物《上游》杂志上。雷鸣春成了一时的红人。

树大招风，人怕出名。在20世纪60年代的动乱中，雷鸣春受到冲击，一度下放干校劳动，直到20世纪70年代初才获得平反。后来李广祥亦被解放，并上调北京任公安部副部长。他希望把我大哥也安排到部里工作。大哥婉言拒绝了，他开始意识到自己的东山少爷出身，并不适合在政治漩涡中打滚。他宁可找书斋一角，静静地坐下来看书学习。他如愿以偿去了中共广州市委党校，先是当了教研室主任，后被任命为常务副校长。大哥主要研究政治经济学，力主要在中国推行商品经济和市场经济，不能缩手缩脚，重走老路。为此他曾与某些大牌理论家在《红旗》杂志上论战。中央党校忽然看中了大哥，拟抽调他进京任教，学乖了的大哥还是婉拒了。

20世纪70年代初的雷鸣春一家（雷鸣夏供图）

雷鸣春并非看破红尘，只是力求自保。他依旧有理想，有信仰，为他认定的目标去努力工作。2019年春大哥驾鹤西归，党校领导执笔的挽联上写有

“一生奋斗”“两袖清风”等字样。其实东山少爷中有不少是不爱富、不贪财的。

六

当然，创造财富，腰缠万贯也不是坏事。只要取之有道，用之得当，亦是美事一桩。下面要介绍的这位东山少爷，就是一位成功的技术型商人，既财源广进，又声名远播。

伍克能先生，在寺贝通津隅园出生及长大，他父亲是晚清留英的造船专家，力图以技术救国的海军文职官员。抗战期间，他先后有两位公子诞下，分别取名为“克能”与“卫能”。明眼人不难看出名字的含义当然就是“克敌之能”和“卫国之能”。

我家长期租住隅园，故与伍家上上下下均甚熟稔。卫能与我是同班同学，克能则年长我们七八岁。他们两兄弟均长得帅气，大眼睛，高鼻梁。伍家由于家庭成员中有英国人（克能大妈），故较为洋气，有些物件是从外国带回来的，比如三枪牌自行车，胜利牌留声机，不记得牌子的电冰箱及钢琴等。记得他们家还有一部幻灯机以及一些彩色幻灯片，能让我们看到一些美丽的洋人洋景，可谓大开眼界。克能喜欢唱欧美歌曲，他在培正中学上高中的时候，周六下午常约上一班喜欢音乐的男生来隅园（44号）二楼弹琴唱歌。记得来人约七八个，每个人都是脚踏一架“来路”单车（“来路”在粤语中意为“进口”），背扛一个木制吉他，一进花园大门便卷起了一股旋风，欢笑声夹着上楼梯的脚步声，使得平时颇为宁静的隅园一下子沸腾了起来。稍做调音之后，克能便带领大家集体弹唱，曲目大概是一些欧美民谣，还有就是《英文歌曲一〇一首》里头的内容。20世纪50年代整体环境尚算宽松，外国音乐还未被禁止，所以克能和他的同学，一群东山少爷能够自由自在地引吭高歌，估计歌声能传送到半条寺贝通津以及松岗东路。

伍克能学习很好，有其父基因，数理化成绩尤佳。他一心一意继承父业，成为第二代造船专家。在他参加高考之时（好像是在1958年），全中国只有一间造船学院——华东造船学院，于是伍克能第一志愿便报了它。表面看来这间学校并非军校，但其实它带有准军事性质，收生政审标准是以保密专业为依据的，但这些都不公开宣布，学校和考生全蒙在鼓里。伍克能高考时很有自信，以为被该校录取是板上钉钉的事。后来接到录取通知书时，才知道他只能上华东师范大学物理系。伍克能虽不服气，还是乖乖去了华东师大。然而一年后暑假开始时，伍克能便申请赴港探母，从此一去不返了。伍克能的梦想终于在澳大利亚得到了实现，他数年后从造船系毕业，成为与父亲一样的造船工程师。

伍克能在澳洲读书时认识了一位新加坡华裔留学生，两人相爱并结婚，毕业后双双往新加坡发展。伍克能开设了一家造船设计事务所，从小到大，业务蒸蒸日上。现在该公司已在全球造船设计界独占鳌头，声誉日隆。某种类型的船舶设计订单据云已经占据了整个市场将近一半，江湖地位业已如日中天了。

如今，久居海外的伍克能亦不时回来东山隅园小住几日，童年的时光、青春的岁月，恐怕对他来说，便是挥之不去的乡愁！

七

其实在与我同龄同届的朋辈学友当中，亦有不少人够得上末代东山少爷的身份。他们大多数出身于知识分子家庭，数代书香，幼承庭训，知书识礼，上进心强，在逆境中亦能洁身自好，自我增值，终能学有所成，服务社会、国家，为国家、人民做出贡献。

陈洛韬同学家住寺贝新街，他有着极好的家庭背景：祖上诗礼传家，几代之前有人考中进士，被钦点为朝廷命官。父亲陈丕扬毕业于世界知名的美国麻省理工学院，系中国数一数二的造纸专家，有不少发明创造。抗战胜利后陈丕扬奉命赴日本取回被敌人掳走的造纸设备，几经周折，历经千辛万苦，终于不辱使命，立下大功。陈洛韬自幼家学渊源，自小家教严格，在学校总是模范学生，尊师守纪，成绩优异。他小学与我一直同班，后来转学去父亲纸厂的子弟学校。他到了新的环境，立刻给班上全体老师同学写来了

陈洛韬（雷鸣夏供图）

一封信，表达他对大家的依依不舍与无限思念之情，令同学们十分感动。到了中学我们又同在一班，我同他经常一起上学放学，一起去参加开挖人工湖的义务劳动。和他一起总能令我感到愉快，他不讲粗口，不说下流话，文质彬彬，谈吐有趣。他从小学习音乐，拉得一手好小提琴，又不影响功课，大家都对他佩服与羡慕。记得上初二时我们去流花湖挖泥，中午休息时，我和他二人总是喜欢背靠背坐着吃饭。由于我个子大，陈洛韬常担心我吃不饱，多次主动提出把他的食物分一部分给我。陈洛韬的家庭是相当富裕的，他外公杨元勋是开发东山的功臣之一，是培正中学创办人之一，在东山拥有多处房产物业。可是陈洛韬衣着特别朴素，从来不显摆，使用的文具物品与其他同学一样。大学他上了华南工学院（现华南理工大学），专业是化工，毕业后分配到粤西郁南县工作。后来好不容易调回广州市化工学校当老师。他弟弟陈洪韬早已移民美国，并一直邀请哥哥一家移民加州，陈洛韬对此并不热衷，他宁愿过平凡简单、朴实无华的日子。他几次对我说，只要国家专心搞建设，那就没有必要离乡出国了。所以，当美国驻穗总领事馆通知他期限已到，如不赴美即取消移民资格时，他平静地回复说："那就取消吧，我不去了。"直至后来女儿出国读书并留在当地工作了很长时间，一再恳求父母过去同住，陈洛韬才被动出国了。他走得匆忙，寺贝新街的红砖洋房仅卖了300万元。

离陈宅不远，住着另一位同学唐安戊。他的老家在珠海（原属中山）唐家湾。那里人杰地灵，出过一位民国总理唐绍仪。唐安戊与唐绍仪是族人、本家。唐父唐文敏早年留学日本读医，20世纪50年代时任广东省干部疗养院院长，是疗养学专家；唐母是外省人，是疗养院里的营养师。我放学后特别中意去松岗东唐宅串门，因为唐妈妈很喜欢我，经常抚摸我的头发，搭着我的双肩，更会取出一些既富有营养，又美味可口的食品给我品尝。我常常会吃到猪肉松，又或者牛肉干，令我爱不释手，食指大动，有时简直都不想回家了。我们称唐安戊为"阿戊"，因广东俚语中有"阿戊整饼"一说。我与阿戊中小学均为同窗，大学他去了中山医，我则去了华师。但后来我们仍然会不时见面，因为份属老友，情长谊深。毕业后他

唐安戊（资料图片）

分配到河南省一个地质队当队医兼工人，过了一段非常艰苦难挨的生活。听阿戊讲他当时奉命当钻探工人，冬季零下二十几摄氏度仍须在野外上夜班，须围着汽油桶改装的大火炉工作，但后背却惨遭寒风吹袭。久而久之，他的骶关节及膝关节便出了毛病，常常积水，年老后更每每受这些病痛折磨，不得走动。阿戊在改革开放后喜获赴加拿大进修的机会，学习从未接触过的核医学，后来返回广东省人民医院工作而成了这方面的首席专家。从加拿大返国时，他路过香港，到我家里看我。他告诉我其妹唐安梅（已移民加拿大多年）力劝他留在加拿大，并说可以经营一个饺子馆来谋生。但阿戊不为所动，回来了。

小学时我们看了一部苏联故事片《三个不可分离的朋友》，观影后，我和唐安戊、吴伯川三人便声称是三个不可分离的朋友。吴伯川何许人也？他系福建人，菲律宾侨商的公子。他父亲在吕宋发迹后，便分别在香港和广州置了两头家，吴伯川算是庶出，与姐姐吴伯贤、妹妹吴伯姜等住在东山马棚岗一座漂亮的小洋楼中。当时在我们班上，吴伯川的衣着是最为讲究和新潮的。此无他，父亲从香港源源不绝地把衣服鞋袜搬回来，子女的形象自然比一般广州少年光鲜洋气多了。记得伯川那时常穿花布短袖夏威夷恤、白短裤、白皮鞋，活脱脱就是东山少爷的20世纪50年代版！当时广州市有一位副市长叫王长水（后任职全国侨联副主席），曾是菲律宾侨领，与吴父是老相识，故吴父来穗之时，王副市长必当吴宅之座上客。所以从吴伯川口中我常常听到王长水的名字，耳朵几乎长茧子了。伯川比我稍长两三岁，显得年少老成，是我们当中的大哥大。加入少先队后他当了中队长，而我则连小队长也不是，他便常常用兄长的口气教训我说："戴上红领巾就要提高觉悟，遵守纪律，上课不要随意交头接耳，要专心听老师讲解，这样成绩才能更好，你才会进步更快。"小学毕业时，伯川一家搬到东皋大道居住，他上中学时进了科技附中（现广东省实验中学），我们不再是校友，住的地方相隔较远，彼此来往便少了。进大学后有一回去北京路青年文化宫听报告，竟然与伯川不期而遇。

吴伯川（左）、黄道冠（中）与笔者合影（雷鸣夏供图）

知他进入中山大学物理系，替他高兴，还专门去东皋大道找过他一次。20世纪80年代，我们两人分别先后赴港定居，竟然成为街坊邻居，两家人都住北角城市花园。当时他在深圳开了家电子工厂，周一至周五都要穿越罗湖桥。20世纪90年代，他带着夫人儿女移民新加坡，不久后却又回流，说在彼邦不大习惯。返港之后伯川不幸患上老年痴呆症，过早离开了我们。

下面登场的东山少爷系我中学同学李懿德。不可不提的是，他在校时花名（绰号）就叫作“少爷仔”。这个响当当的外号在三十中（后七中）近乎无人不知，无人不晓。李懿德家境优越，家人远在美国，侨汇按时按候到他手上。李同学有用不完的“侨汇证”，可以到龟岗和中山五路的华侨商店购买市面上脱销的所有东西。他先天条件甚好，祖上的余荫加上长辈的爱惜，“少爷仔”从小无忧无虑，养尊处优，衣来伸手，饭来张口，万千宠爱在一身。他住在培正路的大宅里，有用人伺候，无闲人打扰。李君长得清靓白净，皮肤永远幼润细滑，脸颊红粉，五官精致立体，颜值之高，不止班中，乃至级中、校中难有几人企及。李懿德后天也很努力，除了功课不错，小提琴拉得漂亮，一曲帕格尼尼下来，你想不鼓掌都不成。这样的人不是东山少爷，敢问谁是?！但是大家不要以为李君一定是为富不仁，盛气凌人，欺贫凌弱，趾高气扬。不是的，绝对不是的。李懿德是个谦厚的人，交友很平民化，嫌贫爱富之事从不出现在他身上。不信，请读本书中赵国伟同学的回忆录，在下无须多言。如今“少爷仔”在美国生活，已是“金山大爷”了吧。

黄道冠在寺贝新街长大，与我是小学同学，又是东山堂少年团的团友。黄道冠的父亲是牧师，在广西工作；他的母亲卢老师执教幼儿园，与道冠等子女同住。我小时候常去他家中玩耍，受到卢老师的亲切接待。

道冠年少时活泼好动，亦相当聪慧有趣，他好打乒乓球，又喜欢猜字谜。我至今还记得他让我猜一个谜语：二十一日，日本仔打北平，被我军打死四个兵（谜底为“燕”字）。他说话语速较快，能说会道，口才极佳，他是我们当中的“讲故事大王”。

中学毕业后，道冠考上了华南农学院（现华南农业大学），攻读畜牧兽医系。“文革”中曾号召“复课闹革命”，华农兽医系的学生提出要求，改读人医专业。他们纷纷自找医院去当实习医生。道冠也到医院去了，还曾兴冲冲地对我说，他决心要当一名医生。

然而事与愿违，他最终还是被分配去肇庆专区当了兽医。但不久他即步入了仕途，最后当上了肇庆市对外经济贸易委员会主任，为官一方，责任重大。20世纪80年代末，我去肇庆出差时曾探望过他，其时他家住七星湖畔，周围风景优美，空气清新，叫我好不羡慕。承他送我这位多年老友——端砚一方，给了我附庸风雅的机会。我将此端砚珍藏至今。

许龙定是我初中同学，家住保安街乐明园。这是一个清水红砖外墙的典型侨房大院，院内树木蔽天，绿意盎然，清凉通爽，十分宜人。我常常去许龙定家中玩耍，一来是喜欢乐明园的环境，二来是中意他家里收藏的汽车画册。

笔者自小就是汽车迷，对于各种汽车（尤其是小轿车）照片自是目不转睛，爱不释手。新中国成立后一段时期未有国产轿车，进口的基本上是苏联、东欧的产品，觉得有点乏味。许龙定家里的画册显示的是20世纪40年代末美国制造的轿车，造型新颖，颜色鲜艳，变化多端，令我十分着迷。许龙定总是大方地借我回家细看，让我好不开怀。记得我最欣赏的轿车还是通用公司的凯迪拉克系列，那些接近流线型的车身，令我眼前一亮。

许龙定未曾毕业便参军去了。数年后再见，他已是东山区文化馆的工作人员，早已从海南岛驻地复员回城了。改革开放后许龙定调至东山区教育局任副局长。我在母校校庆活动中碰上他，他却是以上级领导身份（而非校友身份）前来出席致贺，也没有多少时间应酬老同学了。

再过了几年，许龙定官运亨通，当上了东山区副区长兼东华实业公司总经理。他亦是能力超凡，一下子从文教战线转到了城建战线，主持开发并建成了广州首个中外合资的大型屋苑东湖新村与五羊邨。这在20世纪80年代是轰天动地的创举，在国内引起了不小的反响，而主事者许副区长自然功不可没了。他自己后来也搬进了五羊邨居住，我亦曾经登门造访他。

再后来许龙定奉调去境外企业担任领导，我们便没有再见。他不失为一位能干的末代东山少爷。

住名园　读名校　阅名人
——成长岁月鳞爪

作者：雷鸣夏　时间：2019年5月

笔者年轻时（雷鸣夏供图）

我是老东山，如假包换，实至名归。小可姓雷，名鸣夏，有幸在广州东山出世，成长，做人做事，颐养天年。今人喜称东山四大名园，在下住过两个（逵园与隅园）；东山素闻教育发达，名校林立，本人读遍了培灵幼稚园、培正小学、培道中学/培正中学（是时合并取名为广州师范学院附属中学），还有培桂中学（是时叫作中山医学院附属中学）。行走东山几十载，自然阅人无数。在这个人杰地灵的模范区，名人层出不穷。其中有些名流贤达余自少有所接触，耳闻目睹，乃至终于得亲睹芳范，亲聆教诲，对我而言这不仅是荣幸，更是受益匪浅。

一

我之所以能够成为东山之子，自然是父母给我带来的福泽。这个区域早在20世纪20年代便已向现代化方向突飞猛进；到了20世纪30年代，可谓已是环境优越，舒适宜居。所以当我父母在1935年结为连理之时，就毫不犹豫地选择了东山来筑爱巢。他们当时租住庙前西街一座洋楼，就在毛泽东旧居斜对面。但不久抗战军兴，父亲上前线去了，母亲时而随军，时而漂泊，两人暂离东山，竟一别八年。

胜利复员，父母回到了东山。机缘巧合，他们租下了恤孤院路逵园楼下全层。此时他们已是四个儿女的双亲了，而我则仍在母亲腹中伺机“闯关”。战火熄灭，举国欢腾。民众不时敲锣打鼓，又燃放爆竹，以表达他们的欣喜之情。这些欢乐的声浪冲击着我，引诱着我，催我尽早出来欣赏这个精彩世界。到了离1946年还有三天的时候，我忍无可忍，奋力挣扎，终于驱使妈妈入住关双和医院，并在那里呱呱坠地了。

我在逵园居住时只是手抱婴孩，还未懂事，尚无记忆，所以对那时的逵园是无可奉告的。虽然我住了不足一年便迁往龟岗大宅，但与逵园的纽带却长时间不曾断过。事关后来的住户宁大尧老师（培正中学英文教员，培正校友，中山大学毕业）、林瑞荣老师（培正中学地理教员，燕京大学毕业）、林瑞铭校长（培正中学校长，燕京大学毕业）均与吾家份属世交，我去他们家中做客是常有的事。宁先生（其实我称他为“宁三叔”）一家人与我十分熟稔，宁婆（三叔之母）对我喜爱有加，有时还留我在那里小住。她做的菜相当可口，煎薯仔饼是一绝，内中的腊肠虾米令齿颊留香；她也常常熬鹿尾巴汤，这是我平时不常喝的，故甚有新鲜感，加之其味浓郁甘美，呷完一碗之后仍露出意犹未尽的表情，宁婆善解我意，便盛了又盛，添了又添，让我加码用上三碗，成为全场冠军。三叔、三婶与几位姐姐亦对我非常友好，“夏仔”前“夏仔”后地叫唤我，给我尝好吃的零食。宁三叔还是我的英语启蒙老师，他的用心教诲使我在俄语之外早早接触了第二外语。

后来林瑞荣、林瑞铭两位世伯亦先后搬来逵园居住。二位先生是宁三婶林瑞华女士的胞兄，都是曾经北上燕京大学负笈的高才生。林瑞荣老师在培

林瑞铭老师（资料图片）

林瑞荣老师（林尚文供图）

宁大尧老师（宁国媛供图）

正中学（市七中）教地理课，深受学生欢迎。他不喜照本宣科，而是常常甩开课纲，海阔天空，旁征博引，引领学生“畅游”中国，“走遍”世界。他留有鲁迅式的小胡子，同学们却给了他一个绰号“斯大林”。林老师有一点与斯大林相同的地方，就是好抽烟斗。我20世纪80年代去印度旅游，特地给林老师带回一只玉石烟斗，让他快乐了好一阵子。我喜欢与林老师谈天，尤其中意聆听他忆述在北京求学以及去大西北做田野调查的情景，使我增长了不少知识。他谈吐幽默，风趣诙谐，令人轻松愉快，又有收获，我常常在他家中一坐数小时，竟舍不得离去。

林瑞铭校长性格与瑞荣师不同。他为人稳重沉着，不苟言笑，不怒自威，他完全是学者的形象，时时散发出儒者之风。由于林校长曾为司徒雷登的学生，在20世纪50年代初抗美援朝运动中他被某些人批判为“美帝走狗”，培正中学校园一度出现驱林的风波。培正中学由政府接管，易名七中之后，林校长就被调走了。我与林校长接触不算太多，但每次在他面前我就是个毕恭毕敬的小学生，总会被他深厚学养及深邃智慧折服。钦佩之余，时时引为楷模。林校长学富五车，德高望重，却非令人生畏、拒人于千里之外。他非常关怀后辈学习，对年轻人关爱扶持，寄予厚望，20世纪80年代我因事赴澳门，行前林校长亲笔修书一封，介绍我去拜访是时澳校校长，他的培正师弟邝秉仁先生。信函开头是这样的：“世侄雷鸣夏，年富力强，学贯中西……”林校长信中对我的鼓励与期望成了我一生一世的奋斗方向。

二

我生下来不久，祖父从古巴回来了。他六十出头，算是叶落归根。这时父亲在龟岗二马路14号买下了一栋洋楼，共有四层，层高近四米，露台硕大，通风开阳。那时东山酒家（现广州酒家）尚无踪影，宅子门口及右侧是一片空地，如一广场，汽车可以行驶至大门口。

这栋屋子面积不小，每层有五六个大房间，房门用柚木造成，非常结实，是左右推动而非转动的那一种。外墙系水洗红砖加米黄色批荡。现在看来外形似为南欧风格，罗马式回廊构成了一个大阳台，各种希腊式柱子分布在正立面，山花与门窗的装饰抹上了洛可可的色彩。然而几经维修之后，现已看不到任何花纹图案了。

这是我5岁之前的安乐窝，三代同堂，和乐融融。大人们回忆说，我两三岁时最爱做的事，便是模仿大人打电话（那时候广州市话只有五个号码）；而在我自己的记忆之中，我总是坐在二楼阳台的藤椅上（有照片为证），眼睛紧紧盯着东华东路（刚好建筑物之间有大片空地，视线不受阻挡），等待观看来往的汽车。那时广州全部汽车不足万辆，并不是时时刻刻有车经过的。大约每十分钟最少有一辆三号公共汽车驶近，我便用尽吃奶的力气睁大眼睛，目不转睛地观察这些“庞然大物”。这些上白下绿的木壳巴士从此深深烙在我记忆之中，并且对我终身汽车迷的身份进行了第一阶段的加持。

笔者在隅园金鱼池与先父、侄子合影（雷鸣夏供图）

若透过相片倒逼我的幼年生活，那么嗜食糖果必是我彼时最为热衷做的事情了。照片中的小可，脸颊的一边鼓起了一泡腮，小手还紧捏着一粒糖，那馋嘴贪食的样子真叫人忍俊不禁。于是乎，我就难免长成一个小胖子啦。不过胖有胖的好处，容易招人喜爱呗。据说每当家中用人带上我在龟岗行走时，东成烧腊铺的伙计总是叫停我俩，随手斩下一个烧鹅腿非让我当面吃不可，胖胖的师傅和胖胖的小子相视而笑，师傅脸上乐开了花。这些免费的烧味，我不知享用了多少，以至于今日老来依然肥肉横生。

喜爱我的人当中还有一位温柔美丽的培道小姐郭友书，她与其母王孝光女士是我们的租客，是朝见口晚见鼻的关系。王孝光女士是一位教员，知书达理，一口吴侬软语十分动听。友书大姐姐弹得一手好钢琴，她的琴声时常吸引我驻足旁听。有一回培道女中举行文艺晚会，友书姐姐要在礼堂里献上她的琴技，她执意要带我去听她弹奏，终于央得我母亲同意，牵着我的小手去了。这是我头一回走进中学，满眼都是新鲜事物，目不暇接地看这看那。友书姐姐的同学们却把我当成了“玩具”，抱了又抱、亲了又亲不说，还非要我唱歌，看来小胖子就是受欢迎。培道女生对我的热烈欢迎立即让我对她们的学校产生了浓烈的好感，我不假思索冲口而出：“我长大了也要读培道中学！”姐姐们顿时爆发出一阵笑声，对我说：“哈哈，你永远进不了培道，因为你不是女生！”然而后来发生的偏偏让她们始料不及：当我念初中时，我竟然上的就是培道（已易名三十中），因为当时已不再是女子中学了。后来，友书姐姐高中毕业了，之后她考进了英国皇家音乐学院，远赴伦敦去了，从此也就断了她的消息。

我也不甘人后，开始上学啦。我读的是培灵幼稚园，每天由我七姨妈接送。这是由教会办的幼教机构，园长是一位加拿大女士，能操一口洋腔洋调的粤语。我和一众小同学一开始自然不习惯，与亲人分开时便号啕大哭。园长女士此时一脸严肃地对大人们说：“快走快走！想细路仔乖，你哋一定要马上离开。”记得园规蛮严的，小朋友违反了纪律，最高的惩罚是关入小黑房禁闭。这是挺吓人的，幸好我未曾领教过。现在该园已易名为烟墩路幼儿园，门面及庭院均已面目全非，难以寻觅当年的痕迹了。

培灵幼稚园旧照（资料图片）

三

新中国成立后父亲到南京军事学院担任教员，便要求母亲搬家迁宁。母亲决定先将龟岗大宅变卖再行北上。这样我们便暂时租住新河浦三横路37号地下全层，以便腾出老宅恭候买家。这时我已年龄稍长，开始进入培正小学读一年级。那时东山培小校长是林恩光先生，他家住启明路，太太长期患病卧床，但精神爽利，目光炯炯，思维清晰，不生褥疮。许多街坊特地前去探访，见她面色红润，谈笑如常，均称奇迹，赞叹不止，一时在东山传为佳话。林校长生有一对双胞胎女儿，其中一位林美茹与我高中同班，另一位林美芸仍健在，系东山堂诗班的司琴。

那时培正小学分初小部、高小部。初小在现今校园上课，高小部在现越秀区少年宫。小学一年级时的记忆有点模糊，只记得同班有一个人叫雷鸣，与我只差一个字。老师同学有时候会将我们二人搞混。有一次图画比赛，雷鸣的作品被贴堂，有一调皮男生悄悄在雷鸣的名字后面加上了一个夏字，让大家误以为是我干的，令我十分委屈。好在后来水落石出，真相大白，我的

培正中学白课堂（资料图片）

污名才得以消除。另外就是当时抗美援朝，号召捐献飞机大炮。我们“小学鸡”亦不甘落后，纷纷把零食钱省下来献给国家。同学仔还互相攀比，都想超过他人，便回家向父母索要，搞得一些经济拮据的家长，好不为难。同时还有人叫苦连天，那就是校门口专做学生生意的零食小贩，他们有卖棉花糖的，有卖肥仔米的，有卖甘草榄的，有卖和味龙虱的，都因此销售额骤减，唯有连连摇头了。我还依稀记得培正小学那时发生了一件悲哀的事，就是一位同学因发高烧，迷迷糊糊地从五星楼的窗户摔了下来，跌到恤孤院路上，医生赶到时已回天乏力了。

在新河浦生活时我已6岁，时常喜欢一个人独自四处闲逛。我最中意流连的地方是山河大街，因为那里有一座小小的天主堂，哥特式的，有一尖塔直刺蓝天，迷你，但好看。那会儿路是泥沙铺的，路面很窄，另一边还有一条水沟。记得有一回我站在圣堂门口，有一位着黑胶绸（香云纱）对襟衫裤的男子踩单车经过。他为了躲避同样着黑胶绸衫（大襟衫）裤的阿婆（她挑着担子），不小心连人带车侧翻倒地，并且跟着滚到水沟中去了。好在水并不深，但这个男人已成落汤鸡，单车亦须重新抹油了。

从前的隅园（资料图片）

四

以六亿元（等同于现六万元）人民币卖掉龟岗洋楼后，我们便举家离开广州，打算在南京长居了。可是命运捉弄人，1952年父亲便奉命转业，离开部队，返回羊城，父母的口味没变，还是要返回东山的怀抱。经东山堂女传道人刘惠芳女士（台山人，我叫她姑婆）介绍，我们租下了寺贝通津42号之一的隅园。

隅园主人伍景英先生建了两间屋，一间红一间白，红砖绿瓦那座门牌为42号，是盖给英籍夫人住的；白墙批荡的另一座门牌，就是42号之一。前者建于20世纪20年代，后者建于20世纪40年代。后者却更易变旧、老化，因为建筑时适逢疯狂的通货膨胀，建材价格飙升，因此施工时就免不了偷工减料，降低标准，继而造出来的房子也就不尽如人意了。但胜在两座洋楼均为花园怀抱，42号园内最引人注目的是两棵高大挺拔的南洋杉，它们映衬着红、白、绿三色的建筑物，尤为美观。42号之一则是两株粗实茁壮的英雄树（红棉树），三月开花时染红了半边天，吸引一群又一群街童用弹叉来射。四月结棉时则如飞霜落雪，园中街上一片白茫茫。我们家的用人春姐是个女汉子，她手持长竹子爬上三层楼高的树枝上，把开了口的棉花球一个个打下来。这样，每年至少可以新增三四个木棉枕头，我们习字课用的墨盒也有足够的棉花用来吸墨了。园子里有不少果树：最多的是枇杷，此外有黄皮、

隅园时期的一张笔者全家福，20世纪70年代摄于东山庙前直街华华照相馆（雷鸣夏供图）

20世纪60年代笔者摄于隅园天台（雷鸣夏供图）

木瓜、大蕉、番鬼葡萄、鸡蛋果（现统称为百香果）。屋主伍景英老人喜欢园艺。他是留英的造船专家，民国时任海军舰队技正，官拜中将，新中国成立后，被解放军南海舰队留任。我们入住后几年他退休了，除了天天早上可见他舞太极剑外，其余不少时间他会用来照顾花草树木。当然，他还要留点时间设计船舰自娱自乐。从日本引进的枇杷是伍先生的至爱，整枝、培土、除虫（喷鱼藤精）等工作，他样样亲力亲为。等到结出鹅黄色的肥美果子，老先生就会站在一旁观赏，喜上眉梢，得意扬扬。伍伯伯是爱憎分明的人。他不食鲤鱼，因为他母亲姓李；他不喜种竹，因为怕惹来火烛（烛是竹的谐音，惹来火烛意为失火）。有一回朋友送我一棵佛肚竹，我很喜欢，便在园中种下。伍伯伯眼睛雪亮，一下就发现了，并立刻令我拔去扔掉（我当时并不知道他的忌讳）。隅园以前的排水系统不是十分完美，20世纪50年代一次打台风，房子都进了水，水平面几乎逼近床板了。飓风还折断了42号其中一株南洋杉，令伍先生心痛了好久。

隅园的环境可以讲是得天独厚，尤以它的音乐气息为最，里里外外仙乐飘飘，称之为“审美天堂”并不为过。首先，钢琴奏出的美妙旋律是几乎终日可闻：楼上的伍氏姐妹和隔壁的金老师与他的弟子，常常在肖邦、李斯特的浪漫世界中流连沉醉；我的两位姐姐玩过吉他和手风琴，曼妙的音符亦是满天飞舞；近在咫尺的军区礼堂，不时有军乐团排练而发出进行曲雄壮的乐声，令人振奋；不远处的广平路又传来群庆幼儿园孩子们银铃般的歌声和部队文工团演员们吊嗓子的巨音；而保安后街的房子里还间或有人在吹小号，奏黑管……此情此景我是没齿难忘的。

隅园隔壁（46号）原为抗日将领李煦寰中将的公馆。那是一座外墙为意大利批荡、米黄色的包豪斯式两层楼房，占地颇大。先父与李将军抗战时同在余汉谋指挥的七战区服役，李为政治部主任，先父为兵站副总监，甚为

东山宾馆内一座洋楼的局部（曹新韵供图）

相熟。先母曾说李将军特别喜欢喝她泡的咖啡。李煦寰20世纪20年代曾经留法，与周恩来同窗，过从甚密。据说1949年后周总理曾多次写信给寓居香港的李煦寰，动员他回国参加社会主义建设，可惜未果。20世纪80年代我赴港时，先父曾嘱我去探访李将军，但缘悭一面，因为他已仙游。

图为李煦寰（后排中立者）与美国作家海明威夫妇合照（资料图片）

隅园斜对面曾是著名军旅诗人韩笑的住所。高高的围墙，大大的花园，建筑物反而显得小气了。那阵子的文艺青年无人不识韩笑，都中意读他的诗，抄他的诗。我有时会站在隅园门口，呆呆站好一会儿，只希望韩笑会突然从大门走出，让我一睹他的容貌。但那大门却总是森严紧锁，我从未得见其开启，哪怕只是一回。多年后我在伍景英公子伍卫能的饭局上被介绍给一位年轻的商界才俊，他竟然对我说出了让我五雷轰顶的秘密：他就是韩笑的儿子，就住在我对面，真是相逢恨晚！历史开了我们一个玩笑，叫我们那时“鸡犬之声相闻，老死不相往来”。我与韩笑的儿子双手紧握，感慨万千，不胜唏嘘。

离隅园不远就是寺贝新街。在十年动乱中，粤剧泰斗红线女被逐出华侨新村，住进了寺贝新街一间红砖洋楼的楼上。有一段时间造反派在打“派仗”，忙得不可开交，也放松了对“牛鬼蛇神”的监管，让他们有空喘一口气。于是那时红线女每天傍晚5时左右就会牵她的小孙子，出来散步散心。她的路线大概是从寺贝新街四眼井出来，沿松岗东行到寺贝通津左转，走一段寺贝通津后再向左折入下水道小巷子，直行返回寺贝新街。一日隅园门口停了一个挑担前来卖米糠的农民。那时家家户户都养鸡生蛋，买糠做鸡饲料是必须的。我正在和家母等候入货，忽有一把清脆的儿童银嗓子响起：“嫲嫲，

粤剧名伶红线女（资料图片）

呢啲系乜嘢嚟㗎？”接着进入我耳鼓的是柔美的拖腔：“系糠——嚟嘅！拶嚟喂鸡——㗎。”我一抬眼，正好同粤剧第一花旦红线女打了个照面。以前我在戏台上见过她，亦在流花俱乐部见过她，但那时候的她像是戴了一个面具；如今见她素颜素衣，才像个活生生的人，与普通人并无二致的人。

粤剧丑角大家文觉非的住宅在保安街，离隅园很近，是我散步常到的地方。他住的是东山非常典型的红砖洋楼，阳台甚大。他住二楼，“文革”时不堪凌辱，便心一横从那阳台跳了下来。然而他命不该绝，寻死不得，遂成了一个跛子。拨乱反正后文觉非重登舞台，在《八仙过海》中扮演铁拐李，一拐一拐地拖着条跛腿，他无须打扮，无须做作，就把本色自然而然地演了出来，让人既叫好，又辛酸。

我住隅园时先后就读于东区八小（后合并为寺贝通津小学）、三十中（后与七中合并为广师附中）及十六中（时称中山医附中）。这样我就读遍了培道、培正、培桂三间中学了。培正、培道向以师资优良著称，我入学时虽已抽走一批名师至高校任教，留下的人中仍不乏优秀者。教我初中代数的黄铭信老师是一位发明家，曾设计了学校电铃自动工作系统，因而获奖（这是我课外阅读从一本书上得知的）。他讲课时是十足的大师风范，从不带课本、备课簿之类，只带三角板、圆规和粉笔。黄老师每次均从讲解例题开始，慢慢再归纳出公式，我们明白易懂。每节课他大概讲半个钟头代数，剩下的时间给我们讲课外知识和做人处事的道理，使我们获益良多。美术老师吴馥余是留日海归，徒手画画画啥像啥。他让我们画人物素描时居然自己站上讲台，做模特儿，动也不动达40分钟。十六中的莫任渠老师亦是日本留学归来的，教我们的时候已经60多岁，因工作需要仍不下岗。他国文功底极好，出口成诵，板书龙飞凤舞，孜孜不倦地教书育人。而十六中的王成荣校长是转业的解放军团长，雷厉风行，决心提升十六中教学质量。他实行全校晚自习，老师下班随时巡堂，严管课堂纪律，大大改进了学习风气。我们高中毕业时，刚办高中不久的十六中，高考升学率名列前茅。

不只中学，东山的小学其实也是可圈可点的。东区八小的吴校长，夫婿是中国银行广东分行的总经理。每次学校外出活动，吴校长就设法向中行借来通勤客车接送我们，让我们能去更远的地方，亦减轻我们的劳顿。她真是爱生如子、无微不至！我六年级班主任容慧梅老师是一名大学毕业生，这样的高学历在当时的小学教师中简直是凤毛麟角，十分稀罕。她教我们语文

初中毕业留影（雷鸣夏供图）

课，经常给我们推荐课外读物，课堂上也常常补充一些课外知识，尽力扩大我们的视野和求知欲。她还与学生打成一片，和我们一同玩游戏，搞篝火晚会。我们去她家做客，总是得到她亲切诚心的招待，毫无师生鸿沟。

回想起来，高小与初中阶段的生活最为无忧无虑，丰富多彩。初小时不太懂事，感悟能力未强，既不识愁滋味，亦未谙乐真谛；高中时有高考压力，前途负担，难有快意了。小五至初三这几年让我回味至今的乐事，有如下这些：

一是集体远足。那时广州城区细小，去黄花岗、越秀山、白云山便是远行了。学校组织的郊游往往包括野餐，这是我们十分喜欢的。平时在家中用餐，多少要守点规矩。比如称呼大人食饭，夹菜必须谦让，只许挑自己面前的食物，绝不能“飞象过河”；又比如食不言语，咀嚼声音要小；还有不可贴近饭桌，必须“君子离台三尺远”，等等。但外出野餐就大不相同了，我们彻底获得解放，可兴高采烈大声交流，可各取所需不拘一格，可随处而坐且吃且玩。野炊还给了我们一种当家的感觉，事前同一组的同学要做好分工：谁带大米，谁带菜肉，谁带锅镬，谁带碗筷，谁带油盐，谁带木柴；做饭时亦须分配不同任务：打水、生火、切菜、煮饭、炒菜、调味等。我们

笔者在隅园时期的好朋友卢骐
（资料图片）

觉得自己当起了家长，入得厨房，不输家庭主妇，自然就有了一种满足感和成就感。

二是山顶露营。那时白云山还未曾修建公园，是不封闭的荒山，我们从沙河濂泉路一直登高便可去到白云山一处平缓的山顶。之后我们就在那里支起帐篷，进行野炊。露营的精华所在是在老师带领下白天“打野战”，夜间摸营。“打野战”就是抢夺军旗，谁先取得，是为胜者。当然，这是男生的专利，女生一般就是充当啦啦队员了。晚上摸营更加刺激，可以神不知鬼不觉地钻入某个帐篷，只须拿到一个战利品，便是赢家。到了拂晓时分，老师一声哨响，大家便睡眼惺忪地爬起来看东方日出，令人大开眼界，啧啧称奇，虽然仍有睡意也都尽力打起精神，不想放过自然奇观了。

三是去公园划船。广州的公园不少，而且几乎都有人工湖。所以我们每次远足旅行，不管是去越秀山，还是动物园，或者烈士陵园，都少不了要安排划船，一般是为时一个钟头。那时划着小木船一般会做两件事：齐唱《让我们荡起双桨》和速度划船比赛。乔羽词、刘炽曲的那首歌是我们的最爱，一边划船一边唱是锦上添花，亲历其境，何乐而不为？比赛划船则是充满集体荣誉感的活动，每每数艇联合发动定好目的地一齐出发，大家竭尽全力奋勇争先，大有不夺冠不罢休的气势。有的小船由于舵手操作不当而原地打圈，船上同学便急得如热锅上的蚂蚁；而其他船上的斗士则幸灾乐祸，哈哈大笑，甚至有人向其泼水搞恶作剧，让全班同学都乐不可支，率性骋怀起来。这种小朋友才有的无拘无束，纯真不羁，长大后就无影无踪了。

四是去少年之家。那时候暑假悠长，有差不多两个月，校方也不强调布置作业，故我们空闲甚多。每逢暑假大哥会给我五元活动费，看看电影，吃吃雪糕，游几次泳，也就花得差不多了。好在是时教育局开办了东山少年之家，最初是借用寺贝通津协和神学院的课室，后来搬到了署前路小学。少年之家只在暑假期间开办，向全区所有学校开放，内有各种文体设施，并开办了许多不同的兴趣班，如合唱、舞蹈、话剧、木偶戏、书法、乐器弹奏等等。我记得参加过合唱与木偶戏班，后者给我带来了新鲜的感受与无穷的乐趣。我们在老师的指导下自己动手制作布袋木偶。先是用黏土捏出一个头形，再黏附数层湿纸，待其成型风干后，就描画五官和头发，最后用碎布缝一布袋就大功告成了。木偶造好之后就演木偶戏，记得上演过《东郭先生和狼》，我的角色是将军，演出完毕还掌声不断呢，真是有幸福感与获得感！

东区农林足球队全体球员摄影（资料图片）

那时全社会学习苏联，我们在学校里就喜欢模仿苏联少先队员搞篝火晚会。苏联大部分国土位于寒带，围着篝火取暖自然十分舒服；而广州气候炎热，搞篝火晚会未免太教条主义了，不过小孩子天不怕地不怕，还是兴致勃勃、乐此不疲。从寺贝通津小学毕业那年，我们离校前便搞了一次，7月的天气加上一堆火，不叫人汗流浃背才怪！于是大家为了解暑，便凑钱去庙前直街波记水果店买了好多雪藏西瓜回来，大家都放开肚皮大口大口咀嚼，瓜肉又红又甜，谁也不甘落后。但后来肚子胀了起来，没人吃得动了，但西瓜还有好几个。最后集体公决，将剩下的瓜送去庙前西街班主任容慧梅老师家中，那时不兴谢师宴，但这谢师西瓜，发明专利应该是在我们手中了。

五是举办各种晚会。我上学那时不流行组织学生社团，而是以班为单位自主看展，举办各式晚会。晚会的内容往往与班主任有很大的关系：如班主任是教化学的，就会搞化学晚会（如制造彩色烟雾、令液体变色、令固体消失等就是重头节目）；如果外语老师做班主任，就八九不离十要开外语晚会了（通常是用外语朗诵诗歌，用外语讲故事、演短戏，用外语唱歌，等等）。记得我初二时班主任是地理教员李宝池，她放手让我们自己去搞，我们便搞了一个化装晚会（假面晚会）。我想了又想，终于决定扮成一个外国记者，于是便找来一个高鼻子小假面具，问父亲借了条领带，向母亲借了台相机，便自称是塔斯社驻华记者，引得同学们捧腹大笑。

上高中后自觉开始有忧虑感了，心里总像有石头压住似的。虽然也有去跳伞俱乐部跳伞，去航海俱乐部划船，但快意少多了，好像快活不起来。与前一阶段相比，可谓大相径庭。

寺贝通津最高的地方矗立着一座宏伟的哥特式建筑——基督教东山堂。近30米高的钟楼上钟声一响，东山大部分地方均能听见。主日崇拜以外，如果礼拜堂敲钟，兴许就是有新人要在此举行婚礼了。除了宗教气氛，东山堂还是一个快乐和谐的地方，儿童、少年、青年、妇女都各有自己的团契，教友之间彼此相爱，互相帮助，亲如一家。每逢复活节、圣诞节等大日子，东山堂更是装扮一新，张灯结彩，并举办各种活动，如演剧、音乐会、聚餐，等等。诗班的报佳音乐活动更是令东山各处圣乐飘飘，一派普世欢腾的景象。是时东山堂的主任牧师是唐马太，他出身牧师世家，从神学院毕业。抗日战争时他有机会转往美国工作，但他婉拒邀请，留在祖国与同胞共赴国难。他父亲则在抗战时划着小艇在珠三角地区为教友培灵与施浸（日本侵略者把教堂全占用了）。唐牧师讲道声音洪亮，口才上佳，从不用麦克风。他气场很大，感染力足，说服力强，令人难忘。故此他声誉日隆，海外出版了他的讲道集，全国基督教协会选他为副主席。

唐马太牧师生前遗像（资料图片）

唐牧师一家就住在东山堂教友捐建的牧师楼（一座精致的两层洋房）里，我们常去他家里玩，唐师奶总是盛情招呼。他的三位公子启信、启望、启恩及千金启爱，都是我的好朋友。唐牧师常来我家探访。虽然先父并非基督徒，信仰无神论，但他们仍然相处融洽，交谈甚欢。当然，他们有时会就神学问题进行讨论，甚至争论，但大家依然心平气和，互相尊重。东山堂的总干事钟恩华是我十分喜欢的大朋友。我每个礼拜天上主日学前必去找他，看着他用电唱机播放圣乐，央求他送我一些金句纸与圣诞卡，又问他索取长堤青年会礼堂的电影票。他总是笑着摸摸我的头，也尽量满足我的请求，后来他与李彩客女士在东山堂成婚，盛况空前，贺者众多。

东山是个熟人社会，同乡、亲戚、同学、教友这些关系纽带将大家连在一起。我们课外时间常常串门，也常受到同学家长的疼惜。同学家长中名人不少，如全国造纸权威陈丕扬，广州市纺织局副局长肖国藩，广州师院副院长杜伯魁、陈一百，中山医学院教授朱师晦、邝公道、罗潜、陈国桢、黄巽、蔡纪元等。这些博学多才、气质非凡的专家学者，从小就给我留下一个个不可磨灭的记忆。他们的言谈举止、只言片语都会予人感悟、启发。在耳濡目染、日夜熏陶的作用下，我从小懂得了读书求知无比重要，明白了待人接物的基本原则，为日后的成长、为抗拒社会环境的粗鄙化注射了预防针。

我母亲是个非常好客之人，总喜欢在家里自己动手做些点心美食（克戟、三明治、穿窿饼、包点、糕点、油条等等），请一些老友前来聚会叙旧。她与一班真光中学的同学感情尤深，故她们在隅园出现频率最高，我亦从小就认识她们。她们当中有中山大学党委副书记曾桂友、著名粤剧编剧望江南（原名张识慧，名剧《胡不归》作者）、女高音歌唱家伍恩亚（燕京大学音乐专业毕业）、兰州地委书记区结冰等。结冰姨经常从兰州回穗，就住在她胞姐区梦觉家中。区梦觉时任中共第八届中央委员会候补委员、广东省委书记，就住在新河浦涌边一座米黄色批荡的花园洋楼里。我因此有机会随母亲去区书记家中做客。我原本觉得这些大人物的生活神秘感很重，去过区阿姨家中才明白他们和我们是一样的人。区书记平易近人，慈祥和蔼。她年轻时参加革命，与夫君谭天度失联，新中国成立后才知道谭已另组家庭，她自己则终身未曾再嫁。结冰姨将一个女儿过继给她，陪她终老。十年动乱中区梦觉备受冲击，被打成叛徒。我与母亲仍有去探望她（此时已搬至寺贝通津的普通宿舍）。后来她患了癌症，我曾经从工作地点佛冈买了药回来给她治病。这些人情冷暖、世态炎凉的体验，成了我很好的生活教科书。

左为中共广东省委原书记区梦觉，右为中山大学原党委副书记曾桂友（资料图片）

隅园有时会有些不速之客，如果我放学时发现门口有一辆小轿车，便知道是刘斐伯伯来了。他是父亲留日时的同学，解放战争时任蒋介石的参谋次

刘斐将军，曾任蒋介石政府参谋次长（资料图片）

长（总长白崇禧）。现在的文史资料透露，刘是中共高级情报人员，输送了很多有价值的情报给延安。新中国成立后刘斐伯伯做了国务院的部长和人大常委，每次来广州公干就会来看望父亲。

每隔几年会有一个老人家从上海来我们家做客。他叫雷炳林，留美学生，中国纺织工程学泰斗，中国纺织学会副会长，退休前他任上海永安纱厂总工程师。我们两家关系特好，我们去上海时必在他北四川路的寓所落脚。这位老者白须垂胸，仙风道骨。他出言不多，但字字千钧。当他知道我大学考上了俄文专业，便谆谆教导我千万不要丢了英语，这些振聋发聩的金玉良言对我触动很大。1968年春节后雷炳林最后一次来粤，他从台山老家抵穗后便发病入院，我在中山二院病房陪他，为他送终。他的儿子在北京纺织部当司长，媳妇张苯是国家科委主任，当时都身陷囹圄，无法来穗奔丧。

纺织工程学泰斗雷炳林（资料图片）

与父亲关系最好的地方干部要数原中共东山区委第一书记张谦（张后任市卫生局长）了。张叔叔是四野南下干部，黑龙江人，他们一家住在马棚岗一座意大利批荡的洋楼中。他与父亲时有过从，不过我原先没有和他打交道，直至1979年。当时我在广州念研究生，妻子田玲玲在海南岛保亭县的一所卫生院当医生，分居两地，要求调动无果。最后只好采用猛药，由内子的姨丈郑亮荫（泰国侨领）在面见邓小平时亲自递信反映我们的情况。邓小平做了批示后海南终于放人，妻子档案来到省委组织部，但无单位接收。当时社会上对“文革”中毕业的大学生颇多歧视，被认为是半桶水，父亲知情后即携我同去拜访张谦。张当即表示愿帮忙，没问题。当他知道我在读研，马上问我：“你英语一定不错吧？来我家当家教如何？”我自然十分乐意，便隔三岔五地到他家中上课，张叔叔十分认真，专门准备了一块黑板，上课时全家出动，气氛热烈。当时市委礼堂放映内部电影，以前我是进不去的，现在则常常可以从张家公子手中拿到戏票，这也算是我的课酬了吧。

我在东山接触了形形色色的人，从中亦分出了真假朋友，交情深浅，乃至可交与不可交。事实上曾经生死与共，或同甘共苦的故人，他们的友谊是最为真挚与纯洁的。记得每年大年初一早上7时许隅园门铃即响，应门的我就早知道是何人到访了。他们是父亲旧时的袍泽，老部下李友庄将军及黎天荣将军。他们年年如此，不改不变。他们亦不怕打扰上司，因为他们曾一同出生入死，视死如归，其余的事就不会有顾忌了。父亲的同乡兼好友林伟俦将军亦如是。他的旧官邸林园就在保安后街，20世纪50年代初被当作敌产没收了。后来上海电影制片厂来穗拍《羊城暗哨》外景，看中了林园屋前的一排假槟榔树，便在此拍了一个镜头。林伟俦从旅顺战犯管理所特赦出来，第一时间就来探望父亲（他后来获平反，免去了战犯身份）。两人十余年未见，却并不激动，只是从容淡定地畅谈契阔，同念故人，这就叫作君子之交淡如水吧！春节时总来拜年的，还有另外一人，她叫练玲珠，当时是广州市粤剧团的当家花旦。她与家父在抗战时认识，因为她加入了七战区的抗敌宣传队，演出救亡粤剧。她一来便雷伯长雷伯短地嘘寒问暖，显得情深谊长。她说在战争的艰苦环境中，父亲照顾过她，令她难忘。昔日滴水之恩，今日定以涌泉相报。我看得出来，练玲珠是真诚的、衷心的，毫无演戏的成分。

图右一为著名粤剧花旦练玲珠（资料图片）

我在隅园见过的最是特殊的客人叫作徐廷泽。1956年某日，我从报端获悉，蒋军空军某上尉徐廷泽驾机起义，受到热烈欢迎，获奖励2500两黄金，并照例升官一级，被安排为解放军空军某部少校副团长。想不到刚过了不久，广州军区联络部的李准大尉就领着徐廷泽上我家来做客了。我非常好奇，一直在客厅门口偷看，大人也没有阻止我。只见父亲取出许多旧照片，跟徐讲以前军队的人和事，追忆他们共同认识的朋友，交流他们在大陆或者台湾的近况。父亲并未执意问及此次驾机归来的事情，徐也好像刻意回避。聊了个把小时，李大尉表示要告辞了。我跟着父亲送至大门口，只见门外停

徐廷泽（资料图片）

了一辆黑色道奇牌小汽车。李叔叔素来喜欢我，常给我票子到军区礼堂看电影。这次他叫我上车跟他去兜风。这正中我下怀，让我兴奋极了，一脚就想踩入车内。那个年代坐小汽车是遥不可及的梦想，一般人恐怕一辈子也不敢奢望。然而父亲立马制止了我，说不能假公济私，不要妨碍叔叔的工作。我只好悻悻止步，向李大尉做了个鬼脸。

在隅园，我度过了无忧无虑的童年与少年时代，直至1963年，我考上了大学，才搬往宿舍过起集体生活。但是隅园往事依然常在我心间，忘也忘不了！

20世纪50年代一群东山妇女在隅园后合影，前排右二为笔者先母伍佩莲（雷鸣夏供图）

东山与东山少爷

作者：林昕　时间：2017年8月

编者按：林昕是旅美侨眷第四代，1934年在广州出生，退休前在黄埔做中学教师。林伯生于新河浦，长于新河浦，是典型的“东山少爷”，其家族历史更是几代东山人的缩影。林伯此文，以亲身经历，从历史、文化、风俗这几个方面为读者还原“东山少爷”这一群体之真实面貌。

一、东山名称的由来及其范围

明朝有韦太监在广州东郊山岗建东山寺[1]（遗址在今铁路文化宫至庙前街），该地遂名东山。

“东山”是指东山分局[2]管辖的洋楼住宅区，东起广九铁路达道路，西迄马棚岗、菜园西、均益路，北达今东风路，东南临珠江、崩口塘、东山大街、启明路。域内是独立的小洋楼住宅，有两条半商业街：东西向的庙前街，南北走向的龟岗大马路，另半条是署前路南段。

林伯谈“东山少爷”，2016年8月于新河浦聊聊吧（何志达摄）

[1] 东山寺规模很大，署前路越秀区图书馆用地是原东山寺的一小部分。民国初年，拆东山寺一部分建广州东山警察分局。当时东山寺内的观音殿，尚完整保留在东山分局南侧，建东山区人民政府（越秀区图书馆的前身）时，才将观音殿拆除。依照寺庙建制，南边是山门，进山门后依次是钟鼓楼、天王殿、大雄宝殿、观音殿、藏经阁，而后是花园和僧舍。大雄宝殿是寺的中心建筑，观音殿不可能在它前边，照此推算，东山寺南边应该过了庙前街。东园在铁路文化宫东边，东园是原东山寺的一部分。寺右镇原名寺贝底，广州话就是在寺背后的意思，可知寺贝底村离东山寺不远，既然观音殿东侧很阔，西边不可能紧挨围墙，我估计，现署前路马路面也是东山寺的一部分。

[2] 东山分局的全称是广州市警察局东山分局，地点在今署前路越秀区图书馆。

二、东山是怎样发展起来的

民国初年，广州市市长刘纪文在东山寺的东北山坡规划建模范住宅区。模范住宅区的屋前有马路，内有水电供应、抽水马桶，注重通风采光。由于此处周围广植梅花，人们就将该区叫梅花村，这发生在东山开发之初。（编者注：原文如此，实际东山最早开发的地方应是在龟岗。）

接着有官员在百子路、菜园西、竹丝岗、农林路建西式官邸[1]。此时房屋是零散的，不成片。

东山的核心地区启明路、瓦窑后街、培正路、恤孤院路、新河浦、松岗东等地的开发，与东山培正新校舍落成和世界经济危机关系密切。

1919年，基督教两广浸信会买下寺贝通津一个小山岗，取名神道山。1922年两广浸信会建礼拜堂、神学院、慈善院，1922年在路东建培道女子中学，南边建培正小学、中学新校园。

1888年创办的培道女子中学及1889年始办的培正书院，成绩斐然。当时

[1] 百子路即今中山二路，20世纪初百子路有别墅双清楼，廖仲恺和何香凝都曾居于此，该楼早已不存。在原址邮电大厦有一碑，作为双清旧址纪念。百子路三幢官邸在修建马路时拆除，两座分列十六中东西侧，东座三层，有露天圆形楼梯登二楼大门，一楼半沉式，似当地下室使用；西侧那幢黄墙绿瓦中式钢窗，中西合璧，很好看；另一座在东川路北端西侧，西班牙式白墙红瓦，圆形大阳台，花园植有白兰树，菜园西有红砖洋楼夹在平房之间。

民国培道女中少年团合影（来源：文仕博物馆）

曾流行“北有南开中学，南有培正中学”之说[1]。成为培正的学生是招人羡慕的，因为报考该校的人太多，报名表上就添了介绍人一栏，考生除了要成绩好，还要介绍人保证其品行好。

1929年世界经济危机，美国、加拿大经济萧条，华侨觉得没什么机会，纷纷回国，发现家乡经济萧条，生活困难；同时他们却发现广州出现了一个台山人聚居的东山，条件不错，适宜居住，于是这些华侨也被吸引到东山来买地建屋。屋建成后，华侨的子女可就近去培正、培道读书；二楼出租，华侨们又有份固定收入。于是除启明路外，龟岗、瓦窑街、新河浦等地均侨房林立。

[1] 培正中学为什么能培养出优秀的“东山少爷”呢？

一、师资雄厚

培正改为公立学校广州第七中学之前，有许多学历高、水平高、教学经验丰富的教员，但他们当中后来有许多人还被调到高等学校当老师，或到其他中学做业务骨干。

英语教师黎秀石调中山大学。物理教师黄振鹏、语文教师谢乃芬调教师进修学院。体育教师孙紫平、地理教师吴天行调华南师范学院，生物教师梁庆煜调广州师院。体育教师陈天利改任国家篮球队总教练，林藻印、林瑞铭等教师到他校作业务骨干。美术教师黄君璧是著名画家，是宋美龄的美术老师。继任的美术教师吴馥余培养出多个美术教授。音乐教师是音乐家何安东，大音乐家冼星海做过培正中学银乐队教练。

二、业务出众

20世纪50年代初，市教育局经常组织培正举办对外公开课，组织市内教师听课、评议。一进培正校门，不论朝哪个方向看，都是公开课的海报，各科都有，有时一日多个科多场公开课，例如语文公开课便有：《药》《一件小事》《孔雀东南飞》《冯谖客孟尝君等》等，听课的教师越来越多，课室内听课的教师多于学生，培正校园熙熙攘攘。培正改为广州七中抽调教师到高校之后，公开课仍陆续举办，好评如潮，吸引了台山一中也组织教师远道而来，可见培正师资确实雄厚。

三、教学设备齐全，教授得法

培正除了师资雄厚，教学设施完备到无可挑剔的程度，各科都有专用教室。化学课在化学室上课，每个学生面前配置了所需仪器和药品。教师演示，发问、总结，让每个学生自己动手实验、记录、总结，将感性认识升华为理性认识，课后写详细的实验报告，巩固知识。物理课除了做实验，还看教学电影，将物体运动变化形象化，让学生易于理解，加深记忆。生物课也做实验，也有教学电影，还有课外兴趣小组，做许多实验。地理课要学生自己标图，地名、河流、山脉、道路、物产一一在地图相应标示出来。

四、诸多课外兴趣小组

培正为学生办了生物小组、戏剧组、舞蹈组、银乐队、田径组、写作组等课外活动组织，超越数学大纲，扩大学习范围，培养学生志趣的同时也增强了他们的素质。

五、学习气氛浓厚，人人自觉向学，不甘后人

有名师指点，有完备的学习设施，良好的启发式、理解式学习方法，学生自然成绩好、有信心、有自豪感，从而更加倍努力，不断取得好成绩。

应该特别提出的是，培正图书馆藏书丰富，借阅方便，这对培正学生成绩的提高、素质的养成，起了很大的作用。

综上所述，培正学生的成绩不是偶然取得的，是各种因素综合作用的结果。

当时除沙面之外，只有东山的小洋楼有抽水马桶等现代设施。留洋归来者、西医、工程师、高收入的教师等争相到东山租房居住。因此东山的房屋很容易租出去，甚至因租客哄抢导致租金上升，一层楼的租金就足够一家几口人过比较宽裕的生活。

其他侨工闻讯，竞相效仿。启明路的地用完了，就在瓦窑后街盖，再向四周拓展。至1936年，东山的红砖楼基本建成了。投资者多是台山籍的侨工，他们很多是台山都斛大方田村姓李的和都斛姓王的，也有端芬姓梅的，广海的也有几家。

三、东山西关习俗不同

衣着方面

西关人喜欢穿中式服装，男的穿由马褂演化而成的唐装。他们除了夏天穿的香云纱（佛山特产，涂了薯莨的一种丝织品，表面黑色，像涂了一层胶似的，广州人习惯叫它黑胶绸），冬天穿的丝绵衣外，一般不喜欢穿丝绸，一般人的唐装用夹布（一种厚身的土机织布）做。有钱人则用英国产的精纺羊毛条子呢做，袖子特长，折两折，有四个明袋。他们穿宽松的唐装袂、浅口鞋。女人在家穿短装，出门穿旗袍（只要经济许可，都用丝绸做），穿绣花鞋，女衣讲究收腰。

林伯伯、林伯母及其两个女儿（林昕供图）

东山的男人穿恤衫西裤，着皮鞋。冬天青少年穿机恤，成年人则着大褛（喜欢粗线条的人穿绒大褛）。女青年喜欢穿连衣裙，冬天穿长裤，上穿羊毛衫外加呢绒做的西装式外套。经济条件差的，外穿手工编织的毛线外套。东山女性只有在赴宴等隆重场合才穿旗袍，绝不穿绣花鞋。在东山洋楼的女业主中，那些从家乡出来的中老年妇女被称为“金山婆”，她们生活非常俭朴，像农村妇女般穿黑布唐装衣裤，不同的是脚上穿一双黑布鞋罢了。

婚礼仪式方面

西关新郎穿长衫马褂，头戴毡礼帽，插两枝红花，新娘红裙黑褂，穿绣花鞋。迎亲队吹吹打打地用八抬大轿把新娘迎回家，新娘要下跪向尊长敬茶。

东山新郎穿燕尾服，打黑领结，手捧平顶礼帽、白手套（二战后穿普通西装，无帽，白手套也免了）。新娘穿白婚纱，在《婚礼进行曲》乐声中，新郎、新娘手挽手进入礼堂，礼毕乘汽车回家，敬茶时不下跪。

东山人家结婚照（林昕供图）

饮食方面

西关人喜欢上茶楼饮茶，著名的茶楼莲香楼、陶陶居、广州酒家都在西关。

东山人不常上茶楼喝茶，他们吃面包、麦片。东山虽一度无茶楼，但短短不足50米的庙前直街却有金鹰、纽约两间面包店。面包店早炉、晚炉供不应求，食客迟了只好去文苑、发记买蛋糕、西饼。另外，东山差不多家家都兴饮咖啡，有些人有全套银制的咖啡用具，有些人还会往咖啡里添少许白兰地。

东山很多人家备有咖啡，但不是常喝咖啡。他们那些咖啡是用来待客的，客人来了就陪客人喝点。也有人备有红茶，以红茶或牛奶红茶招待客人。

文娱方面

西关人喜欢粤曲、粤剧，不但会欣赏，唱起来也有板有眼，甚至组织私伙局，乐也融融。20世纪30年代，广州有海珠大戏院、太平大戏院、乐善大戏院、平安大戏院、天星大戏院、东乐大戏院等设备良好的专演粤剧的戏院，这些戏院均位于市中心，离西关不远。有段时间，观众爱看有机关的戏，上述戏院就都能装机关。有许多省港班轮番在广州、香港上演。此外，西关有几间天台娱乐场表演粤曲、粤剧，因为票价低廉，场场爆满，后来红遍省港澳还拍了很多电影的尹剑辉，便是从广州西关天台娱乐场走出来的。西关人看通俗武侠小说，津津乐道于方世玉、洪熙官、三德和尚、至善禅师。西关人说话夹杂土俚，有时带有戏文，如“可恼也”。

东山人不是很热衷看大戏（粤剧），却肯花钱在财厅前音乐沙龙听西洋古典音乐。这间沙龙无辉煌的装修，极其简朴、狭小，门口张贴近期曲目安排，里边摆放一些小方桌，每张桌子旁边摆两张很普通的椅子，每晚播放两小时西洋古典音乐，使用的是电木唱片、单声道。进去的人默默地在桌上放相当于新华电影院四张楼座票的钱，服务员过来一言不发把钱收走，然后默默地送来一杯红茶。红茶不是上等的，也不添加，客人也不碰它，仅表示已交费而已。听者很入神，除了音乐，没有别的声音，直到一声“晚安”（这是每场的唯一一声说话），大家就知道音乐播完了，便高兴地默默离去。音乐沙龙虽然收费很高，但因曲目安排很巧妙，很内行，每晚都有人听，不过出去后没有人向西走。东山人爱听西洋音乐，不少女孩子学钢琴，有些男孩子学拉小提琴；东山人喜欢读近现代西方文学名著，说话倾向书面化，夹杂英语。

四、西关小姐与东山少爷

西关小姐以文静、知书识礼、身材苗条、举止大方、打扮入时著称。

说到东山少爷，有人说不存在东山少爷，只是因为西关小姐太惹人注目，好事者臆造“东山少爷”一词作为西关小姐的衬托而已。又有人说，“有权有势住东山，有钱无势住西关”“东山非富则贵”，那些达官贵人、富商巨贾的儿子就是东山少爷。

东山铁路闸门照片（图片来源于新浪微博：一介渔夫的草帽）

我认为上述说法都不对。

民国初年，确实有官员在东山建官邸，因为那时广州市是孙中山的大本营。但后来全国政治中心不在广州，中央大员早已他去，没几个留在东山[1]。

究竟有无东山少爷？有。果真有身体健壮、满面红光、精神抖擞、充满自信、谈吐不俗、衣着简单却整齐清洁、布料质地较好的青少年出没东山。这些青少年与西关的较重脂粉味的青少年截然不同，人们称为“东山少爷”。

这些东山少爷就是培正的学生。培正学子注重体育运动，有优秀的体育老师，有完备的体育设施，有浓厚的运动气氛。培正学子视体育运动为需要，自觉进行体育锻炼，除要认真上好体育课之外，积极参加球赛、器械健身、田径运动，个个练得一副好身材，肌肉丰满，动作灵敏。培正学生学业成绩好，阅读范围广，兴趣多样化，充满自信，谈吐、举止受过调教，显得有良好教养。这些阳光、健壮、自信、大方、懂礼貌的培正学生，就是东山少爷，其中也包括家住市内各区的培正学生。故东山少爷不一定住东山，同

[1] 新河浦路20号、20号之一是李汉魂的房屋，他一家不在上址居住，前面讲到的百子路官邸长期空置，东山没几个官家子弟。

样家住东山的富家子弟，没经培正熏陶也成不了东山少爷。

附注：林伯家族小史

林伯太公从家乡台山都斛到美国修筑太平洋铁路，成为家族中旅美华侨的第一代。

林伯阿爷作为旅美华侨第二代，在加拿大开餐馆，做富豪食客生意，开始有资本积累，赚到钱回乡捐钱办学，却被土匪盯上。林伯父亲险遭“标参”（绑架），全赖干爹舍命相救，才得幸免，后又被乡绅以各种名目骗捐。林伯祖父有两个儿子，林伯父亲是小儿子。林伯的祖母带儿子离开家乡。

林伯父亲是旅美华侨第三代，在广州培正中学毕业，母亲在培道女中毕业。林伯父亲曾经去美国打工，累病后回到中国香港。其后香港沦陷，他因病无法工作，加上无办法得到家人的资助，在贫困饥饿中过世。

林伯是侨眷第四代，1934年在广州出生。林伯出生后不久，被祖父抱去沙面加拿大领事馆，称是自己的儿子，拿了加拿大的出生证。林伯后来在黄埔做中学教师，是学区物理教研组组长。初中市统考，林伯被黄埔区教育局指定为化学科评卷负责人，撰写教学分析，返聘至66岁正式退休。林伯亦曾当兵，在学校管过农场。林伯孙子现在也在培正中学读初中。

林昕家庭旧照（林昕供图）

林伯的父辈是华侨第三代，在先人的人梯作用下，由蓝领转向白领。林伯的伯父在加拿大做律师助理（加拿大安大略省特命公证人、诉讼代理人，掌有正式律师全部职能），出庭时等同律师。林伯的父母做过教师。至林伯这一代，男丁都受过高等教育，出了教授、高级建筑师。两名女性，大的原在香港英文书院读书，到加拿大后在多伦多大学当秘书；小的在纽约圣约翰大学取得硕士学位，现为大学职员。第四代全部转为白领，与美洲华裔家庭情况相似。

林伯的后辈（都有其祖父血统）子、女、侄、甥及其配偶共十七人（尚有一人未婚），一名博士、十四名硕士、一名学士（浙江大学工学士）。另一名同济中学毕业后读成人教育本科并毕业，基本完成先人盼儿孙读好书的愿望。

从东山发端的音乐情怀

口述：刘一贯　　整理：吴伟鹏、郭婉玉
时间：2018年2月　地点：广州华南师范大学内刘一贯家中

编者按： 刘一贯出生于日本东京，小时归国，曾居东山，就读于培正小学和中学。20世纪50年代从北京大学数理力学系毕业，一生从事教育工作，先后任教于长春地质学院与华南师范大学。酷爱音乐，著有《古典音乐欣赏入门》一书，深受学生的欢迎。从他的叙述中可一窥20世纪40年代东山的风尚。

与刘一贯教授合影（雷鸣夏摄）

一、与东山结缘

我叫刘一贯，出生于日本东京，名字便是来自日本人的重量单位。我出生时称重正好“一贯”，即七斤。过了不久我便随家人回国了。我们先回到老家合浦（原属广东，现属广西），1946年搬到广州，在耀华大街短暂居住。由于我伯父在庙前西街16号有物业，是一栋三层楼的房子，他自己又不住，我们就搬了过去，从这开始我便与东山结缘了。对于20世纪40年代的东山，我有很多很深的印象，比如买邮票。我从小就开始集邮，连清朝的小龙票都有收藏。那时东山有一间卖邮票的铺子，卖很多色彩鲜艳、内容丰富的苏联与东欧国家的邮票，这令我眼前一亮，经常去帮衬。北美、西欧的邮票往往色泽单调，构图简单，只是印上该国君主或名人的头像，欣赏价值不高。苏联、东欧邮票却形式新颖、五光十色，工农业、科技、文艺、体育、国防，种种题材都有，还有些三角形、菱形等设计，叫我爱不释手。又比如庙前直街时常有人摆地摊卖蟋蟀，周围总是围着一群小孩子。其实我在老家时就已开始喜欢玩蟋蟀，来到东山发现又可以继续玩了，自然是不玩不行。养蟋蟀虽然挺费事的，不过与同学斗蟋蟀乐趣无穷。还有就是庙前西街与署前路交界处，总是有人在播放流行音乐，那时候叫作时代曲，如此一来便使气氛热闹起来。

回到广州东山新居（刘一贯供图）

我从小学到初中，在培正小学及中学读了一共七年。在此之前，我在老家及桂林等地已上过小学，所以来东山后便插班到培正小学。我还记得两个培正小学的老师：教英文的许荣光以及包监学。我们那时人人都要当童子军，冬天挺冷的日子也要穿短裤操练，还要过“总理纪念周”。当时学校

刘一贯小时候在东山家中玩耍（刘一贯供图）

就将有关活动拍成电影，放给大家观看，这个在当时十分稀罕的。对中学老师，我最记得的是为我在纪念册上题字的那几个老师。比如生物老师（名字记不得了）在我的纪念册上画了一条草根被人咬着，其含义是人生必须刻苦耐劳，即使吃树皮草根也要挺得住、顶硬上。有一个化学老师，好像是姓张的，他告诉我们1949年炸海珠桥的时候，炸弹并无全部爆炸，否则就会炸得无影无踪了。因为士兵搬运黄色炸药时，老师在旁边看，计算了炸药的当量及应有的破坏力，我们听了都很佩服。这位化学老师还相当前卫，竟敢对我们讲他自己当学生时裸奔的事。还有一个姓林的老师，他老喜欢给我们讲那些侦探故事，好像自己也十分内行，可是有一次我被人偷了东西，找他帮忙破案，这时他又不管我了。

对于东山的老同学，小学时印象特别深的女生是方郭竹，她长得十分漂亮，学校拍的电影有她许多的镜头；还有一个男生叫作梅庭生，长得非常帅，圣诞节搞化装晚会他反串女角，真似个红粉佳人，但他平时可是高大威猛的。中学时的同学记得一个叫作李华尚的，他酷爱拳击运动，参加过许多比赛，大家都管他叫“拳王”。

二、与教师职业结缘

我高中读的是中大附中（现华南师范大学附属中学），是一个很厉害的学校。当时学校在中山三路（现广东省实验中学，也在东山区）。校长是王屏山，岭南大学物理系研究生毕业，后来当过广东省管文教的副省长。我记得我们班共有40人，有一半人考上北京的高校，其中北大、清华有十几人，其余的入北工大等院校。在中学毕业后，我去了北大。

在北大，我入读的是数力系，后来数学与力学又分家了。其实数力专业一开始并不是我最喜欢的专业。我读中学时兴趣很多，又常常变。因受到米丘林、李森科的影响，我曾经喜欢生物学；后来学门捷列夫元素周期表，又对化学产生了浓厚兴趣；高三时又突然对航空着了迷。航空与空气动力学有很大关系，所以选择了力学。结果我们班80人中有十几个搞了空气动力学，三个人搞了“两弹一星”，一个是朱建士，一个是刘保用，他们后来都成了院士。

刘一贯全家福（刘一贯供图）

然而，我毕业后并没有去搞技术工作，因为毕业时国家统一分配工作，我被分配到长春地质学院当老师，就这样开始了我的教学生涯，一辈子都站在讲台上讲课。在东北那段日子，我正好见证了全球变暖的过程，刚去吉林的头几年，冬日里气温可降至零下三十几（摄氏）度，现在则只有零下二十几（摄氏）度，差十（摄氏）度啦！不过那时因为室内有暖气，一点也不冷，户外当然冻。不过，假如我做些运动，待的时间又不太长，也不会太过难受。

20世纪80年代，我调回广州工作，进华师大物理系继续教书。我在退休前后碰上中央号召高等学校加强美育（音乐）教育，适逢其时，除了教授专业课外，我得以开办音乐欣赏课，教了三个系的学生，挺受他们欢迎。

三、与音乐结缘

我之所以对音乐如此热爱，是因为有点家学渊源。我父亲与伯父均喜欢音乐，他们都喜爱弹奏乐器，如小提琴及钢琴等。我小时候认为我父亲拉得好，伯父不如他，其实应是相反，只是小孩不懂。在那时买乐器是很大的一笔开销，记得父亲带着我去香港买一把好的小提琴，花了3000元港币，当时这笔钱可以买下一套公寓房。当然，这么贵的琴是父亲自用的。不过，他也买了一把给我。我开始自学小提琴，无师自通。当时我就是听父亲拉，记住了那些旋律，就模仿起来了。我还跟着留声机学，曾学过贝多芬小提琴协奏曲的第三乐章。后来我参加考试，拉的就是《天使小夜曲》。不过现在小提琴已基本上不拉了，荒废了。反而钢琴还能弹一弹，虽然弹的曲目不多。

对于音乐，总体上我中意硬的音乐，不接受软绵绵的东西。这与我的经历有关：我念小学时，听过许多抗日救亡歌曲，我最喜欢的一首是《在太行山上》，还有我后来音乐老师何安东先生写的歌，如《全国总动员》等。何安东是培正中学音乐老师，我上初中时，他教我音乐，教的是五线谱，用固定唱名法。他写的抗日救亡歌曲传唱大江南北，影响遍及中国。

我还认识女高音歌唱家刘淑芳女士，她比我大十岁，我与她的关系很好。我喜欢听她唱歌，就写信去她的唱片公司，让公司转给她，我们就这样认识了，后来我们保持了十几年的通信关系。十分幸运的是，我在2004年便获邀去她北京家中做客。她是一个毫无架子的人，让人觉得没有拘束。我不但在她家里找资料，还当她的面弹钢琴呢。

我还喜欢很多歌唱家，比如美国黑人歌唱家保罗·罗伯逊，我非常欣赏他的歌喉。为了求得他的唱片，我寻找了半个世纪才得偿所愿。

我与音乐有很大的缘分，在退休后，有幸在华师大给大学生上音乐欣赏课，而且教了几个学期。当时我认识化学系一位讲师，他是我同学的妹夫，音乐发烧友，他在化学系争取到了开设音乐欣赏课的机会。后来他不慎摔断了腿，不能上讲台了，便找我去代课。我教了一个学期，他就不让我教了，却找了另外一位女士代他的课。这时候我一不做二不休，便向物理系的领导提出在物理系开设同类课程。后来一发不可收，有三个系的学生来选我的课了。

由于我主要不是讲那些枯燥的音乐理论，而是让大家听悦耳的音乐，在欣赏过程中为他们作适当的讲解和启蒙，所以我的课深受同学们欢迎。

忆街坊 忆母校

口述：刘锦博　　整理：吴伟鹏
时间：2018年2月　地点：广州河南刘锦博所居公寓大堂

编者按： 刘锦博在东山成长，居住在龟岗、培正路及恤孤院路一带，并在培正小学、市七中（培道中学）接受教育。后往重庆军医大学学医，毕业后在部队工作。转业后曾在广汽集团工作。其胞兄刘锦湘曾任广州市副市长。

一、忆街坊

儿时的东山非常宁静，并且有一种中西结合的美。我记忆中的东山，是新河浦一带的小院落，清静幽雅，很有味道。

1958年“大跃进”的时候，东山洋楼的铁门铁窗全被拆下来拿去炼钢了。不过，那时社会治安很好，不用担心有人会趁机入屋偷盗。我们下课后

刘锦博兄弟与父亲合照，右为刘锦博（刘锦博供图）

在街上蹦跶，同学家常常门户开放，可以随便进去玩耍。

老东山人情味非常浓厚，街坊邻里关系密切。我住培正东路7号时，周围住了几个同学：游啸家住9号，孙慈安住5号，李懿德住3号，7号的业主是名人陈安仁，9号的业主是陈安良，他与我父亲是中山大学医学院的校友，但他毕业后先后留学德国与美国，攻读法医学和公共卫生学。陈氏是创办现在的广州市第一人民医院（民国时叫作方便医院）的功臣。新中国成立后，陈安良是市防疫站站长、副市长，但仍须身兼数职。当时广州懂法医与公共卫生的专家，非陈安良莫属了。由是之故，公安局需要法医去验尸时，就少不了请陈安良前来指导。中山医开设法医课程时，也就马上想到让陈安良当兼职教授，幸而防疫站与中山医正好斜对门，咫尺之途，陈安良两边跑尚算方便。

陈安良的哥哥叫陈安仁，也是我的邻居。他是一位历史学家，出版过《中国通史》。他住7号，与9号算得上是握手楼了。陈安仁乃系孤老头子，孑然一身，有点寂寞。我于是常常去他住处拜访他，看他写的书，还跟他下中国象棋，成了忘年之交。

我与陈安良的小儿子陈韶章关系也很好。陈韶章“文革”前从广东工学院毕业，分配到9号工程办公室（对外称广州地铁筹建处），实际是搞地下人防工程，后来广州市政开始搞地铁，他就一直参与直至退休。于是他成了全国闻名的地铁技术专家，别的城市在施工时遇到困难就会请他去帮忙解决。陈韶章曾被评为优秀专家及模范共产党员。他的妻子儿女一早就移居美国了，他却独自一人留在广州，陪伴和照顾年迈的双亲，直到他们仙游。我二姐夫本来也在9号工程，后来去了规划局。陈韶章的母亲一直对我很好，非常疼惜我，1963年我离穗赴渝求学之时，家里没有余钱供我用作盘缠，陈伯母却主动给了我五元钱在路上零花。她对我的恩惠，我一辈子都铭记在心。

培正路13号住着另外一个名人——20世纪50年代曾任广州市副市长（后调往全国侨联）的王长水，他是从菲律宾回来的华侨工商业巨子，他的公子王光汉比陈韶章大一点，我们都常在一起玩。还有一个是沈尔康同学，他住6号（9号对面）。沈中学毕业后考上了北京中央音乐学院声乐系，成为一个歌唱家，培正路真是人才辈出呀。此外，民国政要谭延闿住过简园，粤剧大师白驹荣也住过简园。20世纪50年代，白驹荣因青光眼双目失明，但他不肯离开舞台，继续坚持演出。由于他台步娴熟，行走自如，观众竟看不出他是盲人。

民国政要谭延闿、粤剧泰斗白驹荣（资料图片）

我读初中时常去恤孤院路的街道食堂吃饭。为什么不在学校膳堂用餐呢？因为学校要求每个月一次性交纳饭费，而我为弟妹交纳后自己已交不起整个月的饭钱了，而街道饭堂允许餐买餐吃，正好解决了我的困难。当时我每个周末搭市郊火车去江村一七七医院看望父母亲，同时会取回下一星期的生活费。那时火车站尚在白云路，比较方便。火车往北走，经过夏茅站、小坪站、大塱站，便到达江村站了。

街道食堂那座楼二三楼住的是姓谈的一家人，户主谈瀛观，是天心制药厂的老板。该厂址位于江岭东，在东山算是规模比较大的工厂了。谈家是中山人，谈瀛观太太是上海人，他的子女谈云衡、谈云祯、谈云绮都是我们的同学。谈宅对面就是当时的东山区法院，往南便是逵园了。

新河浦住过一家姓陈的，陈家女儿1968年参军，曾与我同在一家野战医院工作，现在她已去美国定居了。她爸爸也是军人，据说军阶很高的，因为他早在南洋时便加入了当地的共产党，回国后当了广州军区政治部副主任。张高丽曾任广东省经贸委主任，那时他一家人住在新河浦一栋筒子楼里，我妹妹也在省政府上班，与他同住一座楼。我妹妹说她那时（20世纪80年代后期）常常看到张高丽亲自洗尿布、晒尿片，大概他的宝宝刚出生不久吧。

东山的洋楼多为华侨产业，比如我住过的恤孤院路22号，加上22号之一，都是一个叫作陆铿的老华侨的房子。我们叫陆铿“陆伯”，他年纪比我父亲还大，后来又回美国去了。他是靠在旧金山做苦工赚钱建房的。我们家当时曾雇过一位保姆，叫作琴姐。她老公在外国，年纪大她很多，也在东山盖了房，但由于有时收不到侨汇，琴姐便出来打住家工，以期有固定的收入。

我家还在龟岗住过，是龟岗大马路1号。我们住三楼，楼下是李时章医师诊所，对面是华侨商品供应商店以及八百载烧腊店，还有一间不错的美容院，可以电发，等候时有报刊供顾客浏览。从我家三楼阳台可以望到一块空地（现在广州酒家的位置），其上搭了一个舞台演出粤剧。我们从天棚望下去，正好面对戏台，就等于坐在楼座，可以免费看大戏了。我虽然不怎么听得懂那些唱词，但对武打戏非常入迷。记得那里曾上演《武松大闹狮子楼》，我们几兄弟都看得如痴如醉，对其中的音乐也十分爱听。

二、忆母校

我上小学时最初在署前路小学（当时叫作广州市第一工农子弟小学）。这所学校不用交学费，学校前面是细小的东山公园，校门一边是杜兆基医生诊所，一边是新建的两层公共厕所（当时在广州是十分稀罕的现代化厕所）。电影《羊城暗哨》中有些场景就是在杜兆基诊所拍摄的。杜兆基的女儿杜小梅就是我第一任老师，我还记得我们第一课就是《拍手》。

后来我转学到了培正小学读到毕业，考上了广州市第三十中学（现市七中）。1957年入学时适逢全国开展反右运动，学校里专门辟了两间教室用来张贴大字报。我们学生是不允许入内的，但从窗户往内望去，还是可以看到一些大字报的内容，都是揭发某些老师的所谓右派言论，让我们大觉惊讶。后来就有一些老师被划为右派，不准他们教课了。比如教化学的黄培根老师，就下放去图书馆管理图书了。

在中学时有几件事是记忆犹新的。一是吃双蒸饭。1959年食品供应开始全面紧张，肉食甚少，每顿只能吃一些“无缝钢管”（是空心菜的别名），而且没有用什么油来炒的，肚子总是饿得让人难受，唯有多食点饭。粮食也是定量供应的，一个人也就每月28斤米左右，于是有人发明了双蒸饭，就是把饭煮到快熟时，再加入清水再蒸，这样米的出饭率就很高，看上去钵头里饭很多了。其实那是水在作怪，吃下去后拉两次小便就肚中空空如也。那时学校还开始在瓦钵里培植小球藻，这是一种藻类，据说营养价值很高，是用人尿来做培养基的。二是除“四害”打麻雀。当时认为麻雀飞到稻田去吃谷粒，是人类的死敌。于是全国人民大行动，天不亮便去到越秀北路一些空旷地方，齐齐敲打脸盆饭兜，发出巨大的响声，麻雀闻声大惊，急忙飞上天去，不敢下来栖息。最终它们之中有吓死的，有累死的，我们果然战果累累。那会儿不知道什么叫作保护生态环境，更不懂保护动物。我们当时去越秀北路一个小山谷待了一天，从早到晚“演奏”敲击乐，不少人拾到了一些死麻雀。三是大炼钢铁。三十中在风雨操场旁边砌了几座小高炉，我们夜以继日轮流去拉风箱，大家劲头很足，不顾劳累，以为这样就可以“超英赶美”了。家里的铁枝铁罐等都拿来作原料，烧出了一些黑色结块，也不知道是什么东西，到底有什么用。

大学我读的是军医，高中毕业前已有军医大学的人来学校物色考生，先做政审，然后个别谈话，问我们是否愿意入读。当时七中选了三人，全广州市（包括十六中、华附、广雅等校）共选了十几人，加上省内其他地方共21人。我们齐集第四招待所（陆军总医院后面）之后便坐上火车赴武汉，从武汉转轮船去重庆。在火车及轮船上我们都在餐厅学雷锋，搞卫生以及捧饭菜，结果我们自己的伙食便得到了免费的待遇。到了重庆军医大学之后不久，校方却突然通知我政审出了问题，我只能改去中山医学院湛江分院报到。事情原来是这样的：我有个伯父早年下南洋去山打根（位于现在的马来西亚）谋生，本与我们失去了联系，到1957年伯父两个儿子回到了南京，就给我父亲写了一封信。我父亲人在部队，马上将信上交组织，也没有与他们联系（这个伯父与我们其实无血缘关系，是我们祖父的养子）。不知道怎么搞的，早先政审时没把这事查出来，后来却发现了，认为我不能读军校了。于是我就乘船去武汉，准备转湛江了。船快到武汉时，却收到学校电报，叫我速返重庆入学。原来后来总后勤部有关部门认为学校政审过严，又批准我入读了。

读了三年大学就碰上了“文化大革命”。部队院校学员在1966年10月1日去天安

广东粤剧院原址，离刘锦博家很近（陈梦醒摄）

门广场接受毛主席接见。我校被分配到天安门广场拿花砌字，从9月30日晚一直到10月2日凌晨。10月5日宣布部队院校可以开展“文革”，学校就动乱起来了。平常比较吊儿郎当、自由散漫的人这时就成了“造反派”，而当学生干部，循规蹈矩的人则成了“保皇派”。

学校可用于解剖的尸体多，我们每人可以领一副骨头，晚上就可以从床底拿出来，任你琢磨，当时任何一所学医的院校，都没有这么优厚的条件，所以我们的解剖学学得非常好，

今年是我们毕业五十周年，老同学要见面，也就不提旧事了吧。

第四章

东山众生

DONGSHAN PEOPLE

探寻东山往迹，从张立才开始

作者：陈晓平　时间：2014年4月

100多年前，广州东山是一片荒郊野岭，人烟稀少，坟堆处处。从19世纪末开始，仅60年间，此地建成全广州最大的洋楼群，聚集了大批政治、军事、文化方面的杰出人物。追根溯源，有一位开发东山的元老、嘉南堂创始人不得不提，那就是广东高要人张立才。

20世纪60年代，东山区政协组织八位东山元老级人物雷秀民、冼锡鸿、周良等进行座谈，系统回忆并整理东山的变迁史，写成《广州市东山六十年来发展概述》一文。文章指出："海外华侨投资在东山营建住宅，自杨廷霭、黄葵石始。东山最初除教会和学校建筑物外，私人在东山建屋的，第一个是中国籍牧师张立才，华侨则始自杨、黄。"（《广州文史资料选辑》第14辑第100页）

一、培正元老

张立才（1867—1965），广东高要县莲塘乡人，年轻时已信仰基督教，经常随传教士到穷乡僻壤传教，在两广浸信会中资格很老，贡献很大，被任命为两广浸信会的总巡。他最早在东山寺贝通津购地建屋，后来因建设教堂的需要，与教会换地，搬到庙前西街居住。

东山培正中学海内外驰名，其前身是1889年在珠光里创办的培正书塾，当时张立才已经是书塾值理（董事），1903年改名培正学堂。1915年，因学校开支浩繁，收入不继，培正面临关门危机。张立才挺身而出，组织"培正维持会"，召集关心培正的教友张新基、杨海峰、冼锡鸿等十多人举行会议，当场为培正捐款，使之得以渡过难关。

1918年，同在东山的培道女校发生罢课风潮。事情因华人学监倚仗西人校长欺压学生而起，126名培道女生列队离校退学。离校后，这些女生散居东山各教友处。为避免这些学生失学，张立才联合张新基、李锦纶、杨廷霭等十多人，商议独立创办女校。当时培正本身刚刚渡过经济困难，大家都担心难以承受。培正校长李锦纶挺身而出，对大家说："吾人办事但求理之当不当，不问力之能不能。"在座各位大受感动，当场捐得1400元作开办费，命名为"培坤女校"。1921年，培坤女校改名为培正女校。培坤女校旧址，就是今天越秀区少年宫的所在地。

张立才（资料图片）

二、嘉南堂创始人

民国初年，随着教会、学校、医院等机构不断在东山涌现，海外华侨归国定居，这一片原来的荒地开始热闹起来。张立才看准了机会，开始集资进行房地产开发。

东山嘉南堂（资料图片）

1919年，张立才与张新基医生等一共12人，发起成立嘉南堂实业团。“嘉南”两个字，出自《圣经》中“迦南”这一地名，原意是“流奶与蜜之地”，是上帝恩赐给以色列人的宝地，该名寄托着张立才对东山未来的期望。张立才利用了肇庆乡间“三益会”的形式，向华侨、教友集资。

嘉南堂最早开发的房地产，是位于今东山庙前直街53—55号、庙前西街1—15号（单号）、龟岗五马路2—20号（双号）的两组背靠背建筑，也即“东山嘉南堂”。这个地块，是张立才与教会换地换来的。两组建筑的建成时间是1922年，刚刚落成就出租一空。庙前街临街地下作商铺，楼上作写字楼或住宅，龟岗五马路2—20号则全是住宅。

东山嘉南堂的成功，给了公司股东们极大的信心。1922年，嘉南堂在西濠口（今人民南路靠近珠江一带）买地，建设嘉南堂东楼（新华酒店）和西楼（白宫酒店）。东山赖神会牧师冼锡鸿，也借鉴嘉南堂的做法，发起成立南华置业公司，在西濠口建设南华一楼（新亚酒店）。约1926年，这三座大楼建成，蔚为壮观，成为广州城市现代化的标志。据报道，广州市有关部门正在准备将人民南路嘉南堂申请为国家文物保护单位，可见其在广州城建史上地位之重要。

嘉南公司与南华公司在广州的杰出作品：新华酒店大厦与新亚酒店大厦（资料图片）

以前人们一提起嘉南堂，就想到人民南路的三座建筑，殊不知嘉南堂起源于东山，更不知道，东山百货大楼南面这一排建筑，就是东山嘉南堂。

从建成年代来说，龟岗一马路至四马路的集合式公寓更早，是黄葵石等1915年集资组织“大业堂”所建。但“大业堂”公寓有个明显缺点，只追求容积率，忽视了通风采光。东山嘉南堂吸取了大业堂的教训，在楼与楼之间留出冷巷，让每个单元都有充足的窗户。

西濠口嘉南堂的建成，令嘉南堂声誉日隆，并开始涉足金融业，开设了银业部，吸收存款，发放贷款。但嘉南堂管理层对金融业运作并不熟悉，未能形成有效的风险控制制度。受1933年世界经济危机冲击，以及管理上出了问题，嘉南堂不幸于1934年倒闭。不过，公司的倒闭，已与张立才无关。他早在1930年蒙冤入狱。

三、因黎亨案蒙冤入狱

以前人们受极“左”思潮的影响，对张立才的评价很不公正。张立才创办嘉南堂，乃是为教友乡亲谋福利，为教会谋经济自立，以此摆脱西人对教会的控制。作为创始人，他长期担任嘉南堂监督（总经理），若要以权谋私，是十分便利的。

1964年，一位了解嘉南堂内情的梁福文先生写成《嘉南堂的概况》一文，指出：“张立才为嘉南堂置了不少产业，赚了不少钱，可是他自己却没有一间房子一块地皮，也没有银行存款。他所住的房子是嘉南堂的物业，因念其劳绩不收其租。”（《广州文史资料存稿选编》第八辑第149页）

嘉南堂司理（相当于经理）黎亨是张立才同乡，为张立才所赏识，提拔到公司管理层。黎亨在嘉南堂工作之外，集资经营“岳飞号”轮船航行省港线，因业务失败、精神压力过大，1930年在庙前西街寓所内自杀。为避免影响公司声誉，张立才知悉黎亨自杀之后，没有报案，而是选择尽快入殓。这只是一个过错，没想到带来大麻烦。

嘉南堂有不少股东，内中有人对张立才掌握权力不满，想借此打击排挤张立才，乃怂恿死者家属向公安局报案，指控张立才涉嫌谋杀黎亨，索要巨额赔偿。嘉南堂名声在外，很多人以为张立才腰缠万贯，根本想不到张立才一心为公，自己毫无积蓄。各方面都认为这是一个发财机会，于是火上加油。张立才的朋友给他介绍的一个律师，竟然索要3万元（当时货币，至少可购高级别墅一座）律师费，张立才完全付不起。后来法院验明黎亨确实是自杀，而张立才已无辜坐牢几年。

出狱以后，嘉南堂已经倒闭，张氏隐居东山，不问世事。广州沦陷后，日寇为收买人心，知悉张立才在肇庆、江门一带有着崇高威望，托人请张立才出山，主持伪“西江维持会”，为张立才所拒绝。

从《广州文史资料存稿选编》第九辑收录的林仁《我所知道的东山历史》中，我们得悉张立才晚年住在龟岗五马路10号四楼。从这条线索出发，我们多次踏勘龟岗五马路，直到访问到8号三楼的老住户，证实了这个记载，由此层层递进，揭开东山隐藏多年的一些秘密。

四、以张立才为起点，探索东山文化内涵

不得不承认，广州东山最初的开发，与外国教会人士关系最为密切。随着东山教育、医疗设施不断增加，居住环境逐步改善，大量归国华侨选择在这一片空气清新、治安良好、交通便利的区域置业落户。华侨无疑是开发东山的主力军。政界人士或者受过西式教育，或者出洋见过世面，也钟情这个呈现新景象的街区。

东山是教会的东山，华侨的东山，政治枢纽的东山，也是文化的东山。东山的前三个属性已经广为人知，但“文化东山”的深刻内涵，到目前为止还没有得到深入研究。除了培正、培道、培坤、神道学校及广东国民大学、中山大学医学院等教育机构，这一片土地曾吸引了大批学者到此安居，也培养出了不少大师级的人物。

1909年，广东设立农事试验场，场址在犀牛尾，翌年扩展到猫儿岗等处，改名为农林试验场，学者唐有恒、黄遵庚、利寅、邓植仪先后担任场长。广东有农林科学研究，就从这里开始。农林试验场历经演变，1923年被大元帅府用于抵债，后来被开发为农林下路、农林上路、三育路高级住宅区。

“中央研究院”历史语言研究所（简称“史语所”）是享誉国际的学术研究机构，1928年在恤孤院后街35号柏园创办，创始人傅斯年、顾颉刚、杨振声以及研究人员罗常培、郑天挺、丁山都住在东山。20世纪20年代至20世纪40年代，国立中山大学（前身为广东大学）的数十位教授，如中文系主任古直、文史研究所主任朱希祖、史学系主任陈安仁、生物学系主任董爽秋、化学系主任康辛元、社会学系教授邓初民、史学系教授黎东方、中文系教授李沧萍均选择在东山卜居。

著名小提琴家、中央音乐学院院长马思聪，人们都熟知他是广东海丰人，也可能知道他是培正学生，却不清楚他在东山有一座别墅，在北京工作时每年寒假都回来居住。马思聪父亲马育航，是陈炯明的左膀右臂，曾经参与东山早年的开发。

到目前为止，谈论东山的人都只是管中窥豹，我们也不例外。位于中山二路（原百子路）的蒋介石公馆、廖仲恺公馆，位于大沙头的汪精卫公馆，或被拆毁或被炸毁，已经无可挽回。学者卢洁峰最近在农林上路找到陈璧君公馆，尚待最后确认。然而，国民革命军总政治部主任邓演达、粤军总司令许崇智、苏联军事顾问加仑将军、北伐“铁军”第四军军长黄琪翔这些近代军事史上赫赫有名的人物，他们究竟住在东山何处，老建筑是否尚存，都长期困扰着我们。若能得到更多东山元老的指点，查阅更多档案，或许在看到豹尾之外，还能偶尔见到豹身的花纹。是所望焉。

忆著名建筑师周良

作者：周正光　时间：2018年4月

编者按：周良，字朝骥（1885—1973），开平茅岗乡人，民国时期广州著名的建筑师、实业家，来广州后在东山创建了群益公司（均益路因此而得名），建造了大量东山的花园洋楼及广州其他的著名标志性建筑，包括中山纪念堂、大钟楼、新华酒店、白宫酒店、先施公司、五仙门发电厂、永汉酒店、省财厅大楼、孙逸仙纪念医院、五山中大牌坊、华工部分建筑、东山礼拜堂、春园、培道中学、培正中学、培正小学、寺贝通津小学、署前路小学、烟墩路幼儿园等。下面这篇回忆文章由周良四子周正光提供。

忆我的父亲周良

周良系在1885年农历正月出生，1973年5月15日因病去世，终年88岁。他又名子良、梓良，字朝骥，广东开平县百合镇茅岗乡南阳里人。他是广州市建筑工程局工程师，20世纪50年代末退休。周良少时家贫，勤奋拼搏。父亲周成给被“卖猪仔”带到金山采矿，因排除哑炮时爆炸致残，双目失明。周成给被送回国后周良才出生，周良幼时家境贫寒，只念过三年书，13岁到香港随长兄周子楼做“泥水”（瓦工）学徒。后在香港外国人的则师楼、广州培正中学等单位打工，接触了一些文化层次较高的人士，这些人对他教益很大。

周良能绘图设计，能讲一些常用英语词句，珠算也学得很好。1913年广州粤海关大楼（大钟楼）重建时，他作为“判头”（包工头）之一参与建设，其后与一些同时的“判头”如黄洪、黄达、杜应林及杨元熙等组建群益营造厂、生益建筑公司。由杨元熙先生（留美学生、兴华堂教友，新中国成立后任广州市建筑工程局总工程师）任技术总负责人。周良早期建有西濠口（人民南路）新华酒店、白宫酒店、长堤先施公司大楼、培正中学校舍、东山礼拜堂等。

20世纪30年代，广州东山区的侨房、官邸如雨后春笋般建造起来，它们以西方建筑形式和中国传统风格相结合的单家独院、低层庭院式的建筑为主。周良在东山达道路曾为缪培南（陈济棠的参谋长）建有一幢公馆，余汉谋十分赏识，才引发了保安街的余公馆的建设项目。

周良热爱专业、精益求精。他凭着一把砖刀，以房会友，结识了当时一些社会名流，如余汉谋等；还有不少教育工作者、教友，如邝乐生、冼锡鸿、叶培初、王少甫等。这些良师益友和不少侨胞乡亲，都与周良保持了长久的友谊。

周良一生只建房屋，从不当官，也没有做过其他生意，唯一心一意做好本身专业。“文革”期间，他亦受到很大冲击，但历史没有忘记他。1997年10月出版的《名城广州》一书第二卷（广州市国家历史文化名城办公室、广州历史文化名城研究会、广州古都学会合编出版）多处记载了建筑师周良对

周良营建的东山洋楼，由林克明设计（吴伟鹏摄）

名城广州的贡献。20世纪50年代，《南方日报》曾刊文介绍过他。特别是在20世纪50年代国内钢材奇紧时期，他以竹代钢解决了部分民用建筑钢材的需要，又推广使用水泥构件、大量节约木材等。当年省长陈郁授予锦旗一面、以资鼓励。

周良关心家乡，心里有乡亲。茅岗乡农田用水困难，影响生产，乡亲建议办水利，周良得悉后，积极支持，主动联系海内外乡亲，帮助故乡建设水利工程，他本人则以技术力量，全力以赴，帮助解决难题。20世纪30年代，他花了六万两白银在从化帮人修桥。他又在肇庆七星岩帮当时名流修了十友亭。

周良所建的春园前，立者是周良的孙子周松（吴伟鹏摄）

周成给年近百岁，乡亲们建议为他建百岁坊。这个意见给了周良很好的启发。他想到的是从南阳里、南兴里来往圩市必经的田基小路，春雨期间，泥泞不堪。他认为与其建牌坊，不如建一条水泥路，更有益于乡亲。周良还在广州沙河建了一个周族坟场，让外出乡亲有个归宿之地。

周良之妻司徒长，1896年4月出生，她是广东开平赤坎新楼人。1980年1月4日离世，终年83岁。她是基督教徒，贤妻良母，在家相夫教子，不遗余力。

周良所建的培道校舍（资料图片）

精英三连襟
——大商家、老报人、名教授

作者：雷鸣夏　时间：2018年3月

在广州东山的署前二街，曾经矗立着一座米黄色的地中海风格小洋楼，那里的门牌是11号。跨入大门，可见一个三四十平方米的小院子，紧跟着一座曲尺形的两层砖木结构房子便迎面扑来。正面是带有拱券的宽大连廊，右手边则是镶嵌着百叶窗的米黄色砖墙。

这座建筑占地面积不小，两层面积共有300余平方米，加上四周有联通的花园。20世纪60年代我头一次看见它的时候，楼房已显得陈旧，估计盖于半个世纪前，楼龄颇高了。据说最先的业主是洋人，抗战胜利后则卖给了泰国归侨郑亮荫。

郑亮荫（泰文名斯里方丰·杰阿提）出生于暹罗北部山区小镇，其祖父来自广东省丰顺县留隍镇。郑的母亲是纯正泰国人，所以他实际上是中泰混血。父亲虽然娶了本地女子为妻，却依然依恋唐山，念念不忘中华民族传统文化。郑父经营米业及木材生意，赚了些钱，算得上一个小财主，于是决定将大儿子送回祖国，接受华文教育。20世纪30年代，广州东山的培正中学已经办出了名堂，在南洋侨界口碑极佳，于是郑亮荫顺理成章地入读培正，在校寄宿。

培正中学素来招收大量来自世界各地的华侨子弟，郑亮荫绝非孤例。可是他皮肤黝黑，面阔耳大，在同学中有些出众，加上脾气火爆，身手了得，于是获得了一个“暹罗皇”的绰号。培正对于住校生管理相当严格，晚上是不能随便出门的。而郑亮荫生性好动，热爱体育，消耗体能很多，晚饭后不久便又觉饥肠辘辘了。怎么办？唯有外出食夜宵了。门关了难不住“暹罗皇”，他爬树翻墙，都不在话下，于是龟岗一带的云吞面、生滚粥、牛腩粉便与他结下了不解之缘，以至于数十年后他还对我津津乐道，赞不绝口。

与郑亮荫培正同班，而且后来成为终身好友和生意拍档的陈泽富，是香港著名的酒店大亨，尖沙咀的国宾大酒店以及维园边上的柏宁大酒店均是陈氏所拥有。郑亮荫每次来港必轮番在这两家五星级豪华酒店下榻，正好顺便看看老友，也谈谈生意经。他们二人曾经合伙在美国加州投资经营酒店，但最后郑把全部股份让给了陈，以便专注于他所热衷的工业。

郑亮荫（左）与广州市原副市长陈绮绮（右）及笔者交谈（雷鸣夏供图）

郑亮荫培正中学毕业后，考入了岭南大学主攻经济学。但不久“七七事变”爆发，他毅然报名加入空军，被派往美国受训，学习飞行。回国后，他在重庆受命飞驼峰航线，从印度将军用物资运回西南大后方。听说当时该航线的飞行员大都顺手夹带一些私货，发一点战争财。郑亮荫有无这样做，我不知道，当然也不便去问他，但是他战后复员，回到广州东山，他便有足够的资金去购买一座花园洋楼，却是不争的事实。

郑氏是携眷返穗的，妻子是在重庆认识的江苏美女夏光华。不久夫人为他诞下一对双胞胎儿子，取名荃骐及荃麟。这时郑亮荫走了孙科的门路，在广东省银行当上了经理，稍后广东省银行决定在海外拓展业务，成立曼谷分行，而这分行经理的最佳候选人，则非“暹罗皇”莫属了。

二战后的泰国，百废待兴，银根紧缺，当时那里的银行自然是掌握了本地的经济命脉，要风得风，要雨得雨。不久新中国成立，广东省银行与中国人民银行合并了，但它的牌照在泰国仍然有效，可以易名继续经营。郑亮荫此时将牌照卖给了华侨巨商郑午楼，获得了丰厚的收益。于是郑亮荫幸运地有了充裕的流动资金，去创办他感兴趣的工业。他先后独资或合资办起了纺织厂、烧碱厂、轮胎厂、玻璃厂、皮硝厂等，还办起了保险公司与信托集团，其中办得最成功的是泰旭浮法玻璃厂。

经过十几年的奋斗，郑亮荫已成为泰国第一代现代工业家中的佼佼者，享有了“泰国工业大王”的美誉。20世纪70年代初，泰国的权威经济杂志称郑氏的国泰信托集团为全国第三大财团，郑氏本人拥有约15亿美元的财富。郑育有三子三女，三子及二女儿均留学美国，大女儿留学日本，小女儿进了美国名校斯坦福大学。大儿子娶了泰国王室成员为妻，大女儿嫁给了比利时海归，二女儿嫁给了泰国首富、盘谷银行董事长陈弼臣的公子，小女儿则与瑞士富豪的儿子成了婚。各人均事业有成，在社会上出人头地。

郑亮荫对中国怀有很深的感情。1973年中泰尚未建交，他就以顾问身份随泰国工业代表团访华，在北京受外贸部李强部长接见。中泰建交后，他又成了中国大使馆的常客，与柴泽文大使非常熟络。1979年邓小平访泰，郑亮荫代表泰国中华总商会出面接待，在邓小平鼓励之下，郑亮荫同美国PPG公司联袂投资深圳蛇口，以上亿美元巨资建立了中国当时最为先进的广东浮法玻璃厂，满足了中国大量营造玻璃幕墙高层建筑之需。

由于系姻亲的关系，20世纪80年代我与郑亮荫在香港、深圳、广州、曼谷频频见面，既参与了他的投资业务，亦为他策划一些其他的事情。他对我说，他有两大心愿：一是在泰国建造一个中式的陵园，里面要有一座高塔，要有岭南园林及亭台楼阁，还要有壁画长廊，画的内容是《三国演义》的故事；第二件事是在蛇口海边树立一座林则徐的铜像，以纪念他销毁鸦片、抗击侵略的功绩。这两件事后来都大功告成了，他的母亲和他本人则先后在那座精心设计的墓园中安息长眠了。

20世纪80年代末，郑氏投资的广东浮法玻璃厂建成投产，谷牧副总理亲临剪彩。郑亮荫着手办的最后一件事，就是要将东山署前二街11号的房子改建，因为当时已是危楼了。这事我亦参与其中，终于与租客广东省新华书店达成了合作改建的协议，并礼聘华南理工大学建筑设计研究院罗院长进行设计，建成为一座五层高的新型大楼。可惜房子尚未完工，郑亮荫先生便因病在泰国曼谷离世，殊为憾事。

多年与郑亮荫先生亲近接触，我感触良多。一是他那颗爱国华人的赤子之心，对于祖国的文化传统，总是不能割舍，并且引以为荣。他曾亲笔给我写中文信，其文笔之流畅、书法之秀丽，叫我很难相信这信是出于久居海外几十年的老人之手。其二是他勤劳俭朴的美德。他来香港办公出差时总喜欢乘坐地铁，不得已才坐计程车，从来不会去包租酒店的豪华轿车。他来广州时常住在他担任顾问的美国大祥公司办事处的客房，那是该公司在东方宾馆旧楼租用的一个套间，客厅用作办公，客房一般是用来贮存物品，一般的职员都宁可在外另寻住处，不会在该客房下榻，郑亮荫却每次都毫不挑剔地在那里过夜。他与公司职员亦能打成一片，有说有笑。早上他不在宾馆内用早餐，而是往宾馆附近的流花公园小卖部买非常廉价的早点，还吃得津津有味，乐呵呵的。

1948年郑亮荫离开广州后，署前二街11号曾经空置过一段时间。直至1953年他的连襟——我的岳父田玉振一家搬入居住，才重新有了人气。田玉振的二女儿一直在此居住至今。

田玉振现今已是百岁老人了。他在1918年初出生于山西省交城县。

田玉振在太原的山西教育学院接受高等教育，毕业后在上海法学院教过书，后来加盟了中央通讯社，便一直当新闻记者。抗战时搬至陪都重庆，在那里他遇到了我的岳母夏光瑜，两人恋爱并结婚。

抗战胜利后，田玉振受聘往英国伦敦办报，主理中文《侨声报》的编辑、出版、发行。几年下来，《侨声报》办得有声有色，田玉振打算把妻子儿女（二女二子）从中国接往英国同住，于是他办好了所有家人的入境手续，便绕道美国、日本回国。在美国，田玉振饶有兴致地进行了考察；在日本，他会见了当时国民政府的驻日代表——山西老乡商震中将，后者宴请了他，向他介绍了战后日本的状况。

青年和老年时期的田玉振（雷鸣夏供图）

在回香港的轮船上，田玉振遇见了著名侨商、永安堂老板胡文虎的公子胡好，两人一见如故，交谈甚欢。胡公子力邀田加盟香港《星岛日报》，出任主笔。由于盛情难却，田玉振改变了主意，毅然留在香港工作，断了再次出国的念头。在香港，田碰到了老朋友——同为山西老乡的胡希明，此公当时在香港办《周末报》，为“左”派报人。在胡影响下，田玉振的思想亦发生了变化，对新政权有了好感。朝鲜战争爆发后，田玉振在一篇社论中指责美国挑起战事，妄图侵略中国，得罪了港英当局，家被查抄。田玉振不得不离开《星岛日报》，自己独力编辑出版《世界年鉴》杂志。

这时胡希明已将《周末报》搬回广州出版，他多次策动田玉振回广州参加《周末报》的工作，又代表范长江向田氏发出善意的邀请。田玉振终于被打动，带领全家回穗，住进了署前二街11号。

回内地后，田玉振曾短暂在《周末报》上班，后来就被分配到培道女子中学（后改称“女二中”）担任教职。他在英国时曾往伦敦大学旁听过一些理科课程，故校长让他教授高中物理，他也认为可以胜任。

然而好景不长，1954年肃反运动全面铺开，田玉振被打成“历史反革命”，押送东平农场劳动教养。东平农场在市郊，他奉命晚上拉粪车进城清理居民住宅的化粪池，并将肥料送回农场。于是他有机会常常回到市区，却是有家不能归。

在“四清”运动中，有人检举他是“外国间谍”，他受到逼供压力，最后只好胡乱认罪，承认自己是美国中央情报局战略特务，并带公安人员回家搜查。他不得已取出一些面粉交差，硬说这就是“密写药粉”。

这场闹剧最后自然真相大白，啼笑皆非。“文革”开始后，市七中（原女二中）红卫兵又将田玉振押回山西原籍监督劳动，直至改革开放后上级为他全面平反为止。

20世纪70年代末返回广州后，市七中为田玉振恢复名誉，田玉振还当上了省文史馆特聘馆员及省政协列席委员。他除了回校上课，又撰写了不少文史资料以及一些历史教学、英语教学方面的专著。

退休后，田玉振坚持写作，直至后来双目失明，才被迫放下手中的笔。

从前时常出入署前二街11号的还有郑亮荫、田玉振二人的襟兄——中山大学历史系名教授陈锡祺。

陈锡祺1912年出生于江苏盐城，武汉大学毕业。抗战期间他在大后方上

三连襟合照于东山（雷鸣夏供图）

国立二中，认识了同学夏光瑜。后来陈锡祺在与夏光瑜来往时认识了后者的二姐夏光瑾，陈锡祺与夏光瑾一见钟情，于是相恋并且结婚成家。

陈锡祺从武大毕业后留校任教，之后亦于金陵大学与四川大学执过教鞭。1946年他进入了中山大学工作。广州是孙中山早年的革命基地，中山县是孙氏故乡。陈锡祺来粤执教后对孙中山产生了浓厚兴趣，于是将自己的研究方向瞄准了这位伟人的历史。

夏光瑜与丈夫田玉振20世纪50年代初从香港移居广州东山，住进了署前二街11号。本来在重庆时就熟悉的两家人又聚在一起，你来我往十分频繁。那时从中大康乐园来东山，如循陆路须乘14号公共汽车至广卫路，再换乘2号公共汽车方可来到署前路；但走水路就比较简单，可直接从中大码头雇一舢板，半小时左右即抵东山崩口塘，上岸后取道龟岗，不一会就到达连襟家中了。

陈锡祺在中大历史系研究孙中山颇为顺利，搜集有关史料比其余地方容易多了。他一干30余年，锲而不舍，专心致志，学术成果不断涌现，终成孙中山研究的一位大家，蜚声海内外。陈锡祺是内地出版孙中山研究专著第一人，代表作是《辛亥革命前的孙中山》；他在改革开放后主编的《孙中山年谱长编》1992年曾获学术著作一等奖。陈锡祺先后出版学术著作30余本，2018年去世时身后留下书稿千余册。

陈锡祺仙游后，中山大学为这位史坛耆宿举行了隆重的追悼会，对其

陈锡祺与其学术著作（资料图片）

一生的学术成就作了高度评价。笔者出席了追悼会，只见95岁的逝者神态安详，俨然沉浸在美梦之中。广州殡仪馆白云厅内人头攒动，同仁弟子济济一堂。最为特别之处是大厅中不断飘扬着小提琴优美的旋律。他的长公子陈嘉鸥告诉我，这是他父亲生前最喜欢听的音乐。

三位连襟，各自精彩，人生道路，有所不同。署前二街11号留下了他们三人的踪迹，录下了他们曾经的谈笑风生、细语呢喃。

东山街坊话当年
——街坊座谈会

口述：何竟迅、甄婉华、曾渝杭、赵国伟、程炬　整理：吴伟鹏
时间：2016年—2019年　地点：广州

编者按：为了探寻东山过往的故事，笔者组织了几位东山老街坊进行座谈，会上大家畅所欲言，谈笑风生。现将他们的发言整理归纳于下。

何竟迅：我是1953年出生的，祖籍顺德大良，5岁时我跟爸爸从光复北来到东山署前二街5号住，从此就在署前路生活了60多年。

我记得那时署前路一带还是有不少荒地的，现在东山口地铁站E、F出口以前有一个铁路闸口，那里双轨并排，靠南边的一条就是临时停车的，靠北的那条铁路是主干道。以前梅花村满目尽是果树和菜地，从那里可以通往猎德甚至冼村。

20世纪30年代的梅花村模范区建筑（资料图片）

而今的陈树人纪念馆后边是一个小山岗，那里现在是铁路文化宫。东山百货大楼以前是很小的，只有三层楼，1980年才改建成现在这样。我还记得在东百门口有个巴士总站，1路车通往黄沙，2路车通往如意坊。有趣的是，那时的我们管老式巴士叫“火柴盒”。

以前的署前路有饼铺、糖水铺、云吞铺、水果铺……十分热闹，水果铺在现在的这个广之旅门口，云吞面铺就是在现在的7–11便利店那里。

署前二街很多洋房都是归国华侨建的，比如现在我们所在的这间禄园，就是1937年一个叫作陈定一的惠阳人建的，花了三万大洋。他跟叶剑英是同学，也在同盟会共过事，后来还担任过广州市的侨联主席，他的后人陈启胜老师就住在这里；平正纪念楼屋主的儿子正好是我同学余冠中，他们家是加拿大华侨，20世纪80年代离开了广州。

何竟迅在仑园旧址留影（何志达摄）

隔壁那座屋的主人是华侨。他当过国民党的海军军官，他的后人黄美德是广州乐团的首席钢琴师。隔壁9号姓杨的是新西兰华侨。11号姓郑的是泰国华侨。再过去的那栋是美国华侨汤伯的，他是台山人，曾在侨联工作。隔壁的那座就是当时教钢琴的谭老师住的，谭老师在东山教琴是资历最老的。她的女儿考上了中央音乐学院，毕业回来之后在广州乐团弹钢琴。我曾住在她家隔壁，经常听到叮叮当当的琴声。20世纪60年代在东山到处都可以听到钢琴声。

现在的东华南、东华北原为小山坡。这里有过一间民政局办的广州电焊机厂。对面就是民国初期建的邝磬石医院，那是一栋很古典的建筑，20世纪80年代才拆的，现在成了中山医妇科医学中心。现在的广东电信大厦旁边当时有两座房子，分别是蒋介石和廖仲恺住过的。这里去黄埔军校比较方便，每天早上顺着黄埔大道，一路去到鱼珠码头，再坐渡轮就可以到黄埔军校。

1964年我在署前路小学读书的时候，学校围墙旁边有很多果树，我就经常爬上果树，骑在围墙上玩。有一次，我在围墙上看到墙外很热闹，像是在搞什么基建，定睛一看发现他们挖出了一口石棺。后来才知道这是建东山寺的太监韦眷的石棺，还挖出来一头好大的石狮子。

在我记忆中，印象最深刻的是1968年东山的龙卷风。那天早上八九点钟。当我走出署前二街房子门口时，发现外面乌天黑地。没多久就有一股上升气旋袭来，这阵龙卷风所到之处所有的树都折断了，吹得满天都是树枝、衣服和垃圾。后来我看到整条农林下路的白兰花树全部被摧毁了，白兰花吹得满地都是。听说在黄花岗有间砖木结构的储蓄所也被吹倒了，里面的东西都被吹了出来。

当时我的同学是分两派的，一派是军区和省委子弟；另一派就是华侨子弟。1969年，有一个同学可能因为他家里的成分不好，放学的时候被几个干部子弟打了。我们不服气，就过去争论，一争两派就打起群架来了。我记得当时我们用砖头、体操棒，还有桌腿作为武器，打得噼里啪啦，难解难分。我当时16岁，血气方刚，也在很拼命地打人，自己也被打到头破血流。这次械斗有多人受伤，所幸没有出人命。

在东山我有幸亲眼见到红线女，她有两个住处，其中一个在保安前街（马师曾也曾住那里）。红线女那时就常常去东方红幼儿园接孙女，然后走路回保安前街。“文革”的时候我还目睹过红线女在东山酒家扫街。我亦碰到过何安东和儿子何东（何超东在“文革”中被迫改名为何东）。何安东很喜欢抽烟斗，有喝酒和喝下午茶的习惯。1957年何安东被打成右派，被剥夺了上课的权利。他每天喝完下午茶，就拿着一根拐杖，到现在的庙前直街卖文具的店铺前拉小提琴。他这个人很风趣，英语也很厉害，经常喝完白兰地，浑身酒气地跟一些店员或是街坊开玩笑，有点疯疯癫癫的感觉，这样就引来很多小朋友围观，但我觉得他可能是装疯卖傻的。后来他的儿子何东成了海南歌舞团的小提琴手，作了一首当时脍炙人口的小提琴曲《黎家代表上北京》。他在20世纪90年代去了美国。

我小时候上机关幼儿园，就在现在的团省委那里。幼儿园隔壁就是协和神学院，我们有机会就会跑进去里面玩。那时神学院的建筑是很漂亮的，里面的牧师和学生都穿着整齐，彬彬有礼，风度翩翩，英语也相当好。那时夏昌世的德国太太每个星期都会去东山堂，跟牧师用英语交流。我记得她的女儿和孙女很漂亮。她孙女是跳芭蕾舞的，又高又美。我还见到东山堂里面养了一些羊，我喜欢喂它们吃草。在20世纪80年代我还能见到那些牧师，可到

20世纪90年代他们就陆续去世了。原先东山还有另外两个教堂，一个是庙前西街的赖神会，另一个就是瓦窑后街的光东堂。

旧时东山的金山伯头都梳得油光，西装笔挺，还拄着一支拐杖；女的穿着旗袍或西装裙，很漂亮。东山人一般说话都比较文雅，甚少讲污言秽语。

现在的金城宾馆原为海军医院，它的前身是两广浸信会医院。它在2011年被拆之前，是广州体量最大的民国红砖建筑，附近街坊称其为“红楼”。20世纪60年代，海军医院搬迁至赤岗，原址改由广州军区政治部下属的文艺团体使用。平时路过红楼就可以听到悠扬清亮的歌声、器乐声，每当清晨与傍晚也会响起嘹亮的军号声，这也算是当时附近街坊的报时音乐了。有时候还可以看见从红楼走出歌舞团演员的靓丽身影。虽然这栋宏伟气派的红楼早已灰飞烟灭，但刻在我心灵上的童年印象，却是历久弥新。

从前东山的饮食都比现在要丰富很多：龟岗德安路路口有粉铺、面铺；现在龟岗五马路有为食街，里面卖炸粽和蒸包；现在庙前直街的当当书城以前是北方馆，北方馆主要是做面食，如蒸包、油条、馒头、饺子；龟岗那边有点心店，点心店过去就是粥铺、面铺、水果铺和杂货铺，再一路上去就是供销社。以前那些食物真是很接地气，有艇仔粥、炸粽、蒸粽、油炸鬼，还有很多咸酸之类传统的零食。由于住在东山的台山人很多，一到清明时节，这条街有很多卖鸡屎藤糍的。这种糕点用糯米来做，上面还盖有豆沙，充满艾的味道，很有特色的。

我对美食的感觉和追求是从东山开始的。饮食习惯的养成不是一时一刻的，它是在你的家族传承和生活环境中熏陶出来的。我们是顺德大良人，爷爷是华侨，父亲生活也很好，他们对食物的高要求自然传承给了我们。东山的饮食中西合璧，我们很小时候就吃西多士、三明治，喝咖啡、奶茶。所以在20世纪六七十年代，我已经会教我的中学同学煮西餐了。

龟岗为食街20世纪50年代曾是鱼档一条街（陈梦醒摄）

1971年我去广东杨村柑橘农场务农，1976年回城工作，在广东省工程施工公司当挖土机驾驶员，2001年下岗后我参加厨师培训，拿到国家三级中厨厨师证书，开始做厨师工作，至今已18年。2013年我通过广东省选秀，登上了中央电视台的《味觉大战》的大舞台，那次比赛让我大开眼界，之后我就一路不断跟师父进修厨艺，致力于做出更好更地道的广府美食。功夫不负有心人，至今我已获得区级、国家级及国际级奖章、称号十个。回首往事，我从浪荡公子到落魄大叔再到厨坛达人，感慨良多。童年时在东山熏陶出来的敏锐味蕾，青年时期的各种生活体验，原来都已成为我今天在厨艺上的灵感源泉。

甄婉华：我1938年出生于一个华侨家庭，从培正小学毕业后入读培道中学，中学毕业考入华工，后来进入亚洲汽水厂，是亚洲汽水厂沙示汽水配制者的其中一员。我一直住在新河浦，在新河浦度过了那么多的幸福时光，再也不愿离开了。

甄姨于东山（甄婉华供图）

我最难忘的童年记忆并不是上学堂，而是在崩口塘畔蹦跳玩耍的时光。

那时候崩口塘比较杂乱，江边也有不少疍家人，他们搭了些棚屋住在现在省委礼堂和饭堂的地方，那时省委的位置是天河机场的仓库，是一片泥沙空地，放了些机器。合群路上的我家原来是在珠江边上，后来填塘卖地，我爸爸就是买了这些地来建房子的，所以当时打了很多支杉木下去做地基。船就停在塘边。他们既接送乘客，也做些小买卖。那些渔船从猎德运些水果上岸，小贩再担水果去龟岗卖， 水果品种很多，有胭脂红番石榴、龙眼、杨桃、木瓜等等，什么都有。我的玩伴大都是华侨子弟，我们每天结伴上学，一起去埠头那里玩泥沙，在塘口的聒噪和学校的静谧之间来回往复，时间仿佛过得很慢。

隔了没多久，培正小学的周围也开始热闹了起来，最初是一家银行搬了过去，然后接二连三地又搬进了很多单位，有人就有市，一些临时商贩也间或跑去凑热闹。后来华侨们陆续搬离，有的是重新侨居海外，有的是

东山培正小学（资料图片）

移居他处，不到一年的时间就走了一大半，其中就包括和我关系最好的两个玩伴。

解放战争结束后，省委在崩口塘西侧的空地上盖了一排房屋，作为他们的办公地点，紧接着对崩口塘进行了强有力的整顿。那些脏兮兮的档口和横七竖八的渔船很快便有了统一的管理，有的人离开了，有的人住进来，一切变得井井有条[1]。

20世纪50年代初这里慢慢人口密集起来了，所有的空地都盖满了房子，河涌整治好了，东湖也挖成了，所以这里环境很好，又安静又安全，大家都很羡慕我们住在这个社区。后来又建了军区、省委宿舍，居民的文化素质都很好，环境绿化也做得很好，很和谐，就是蚊子多些。

再过了不久，新河浦的解放军和我们做了邻居，而我们也终于坚定地住了下来，我也顺利升入培道中学（现在的七中）读书。

[1] 许多华侨因为年事已高，不能远行，而他们的后代早已经在当地落地生根，不想回来，所以好多房子慢慢就卖掉了。

东湖建成前，从崩口塘可以乘坐舢板前往中山大学康乐园、珠江泳场及二沙岛等地（资料图片）

我们七中的女生课后不少都是在家练钢琴，男生的话就会去打篮球或者玩别的。当时说“真光猪，岭南牛，培正马骝头，培道小姐温柔柔”，意思是说培正的男生很好动，培道的女孩子都很单纯，娴雅而安静。那时我们都过着很简单的生活。培道的女生几乎都会弹琴、唱歌，偶尔我们会一起参加老师举办的音乐会，一起看个电影。省委那边有块空地每逢周六会放电影，如果我们有电影票就可以进去看，小孩子没电影票的话就蹲在门口看。那时还会放映《一江春水向东流》之类的老电影。

在我的同学中台山人起码占三分之一，当时大家都希望读工科。我1956年高中毕业就顺利考上了华工。在华工念书的那几年，正赶上珠江河大整治。政府先是整治了新河浦，后来又开始整治东湖。在我儿时的记忆里，接天莲叶无穷碧的东湖里，有很多的慈姑、马蹄。那个时候我上大学二年级，恰好赶上开挖东湖，学校便安排我们这些学生在周末过去帮忙，我们就在老师的带领下，兴冲冲地跑到东湖清理淤泥。当时是以班为单位轮流干活，男同学负责挑泥，女同学负责挖泥，男同学很体贴女同学，大家互帮互助。那段时光真是让人难忘。慢慢地，东湖环境也越来越好了，那个时候每家每户门前都有花草树木，我们种白兰花和木瓜，满街馨香，那也是我最美好的青春岁月。

曾渝杭：我1946年出生，在这间祖屋生活了六十几年了，回想起来，这里的变化真是很大。

我曾祖父是台山斗山其乐村人，也是清末出洋华工的一员。曾祖父当年刚去到国外的时候是帮鬼佬老板搞卫生。那些鬼佬为了试试他老不老实，就每天丢一个硬币在地上，看我曾祖父会不会拾起交还。十天后，老板见我曾祖父一点反馈也没有，就

在祖屋已生活60多载（吴伟鹏摄）

认为我曾祖父不老实，要辞退他。谁知曾祖父临走前又回到屋里，当着老板面剥开了一把平时他用来扫地的扫把，只见硬币一个个从扫把棍里掉了下来，正好是十个。老板一见就知自己错怪他了，于是极力挽留曾祖父。还介绍曾祖父去做洗衣工人，让他打理洗衣店。曾祖父把做洗衣工人期间辛辛苦苦储下来的钱，建了新河浦这间屋，很多砖还是从海外运来的。

新河浦这个社区是不错的，无论空气、人文、居住环境都可以说是一流的。这个不只是我们说的，很多从香港回来的人也这样说。

说起新河浦一带以前的景象，我还历历在目。比如以前的光东小学现在做了教师培训中心，东山食堂变成了广州酒家。我们小孩子最喜欢的心心酱料铺（在东华东路）和北方馆现在已经消失了。北方馆就是在现在的银行对面，门面就比较大，供应北方菜式和包点。那时整个东山只有四间冰室，一间就在北方馆附近，当时很流行菠萝冰。

以前新河浦14号是木屋，有路通到后面三马路的圣多明各教堂。东湖边上的省委礼堂从前是个码头。新河浦18号原先是一块小坡地，过去就是三马路了。三马路一出去就是造风炉的作坊（那些用黏土做的炭炉、柴炉、煤炉），还有制作竹签的工匠，他们把一根根竹子插在一个筒子里，用刀一破

东湖公园这排亭子以前就是一排弄风炉的地方（吴伟鹏摄）

左边白色那栋建筑就是崩口塘码头大概的位置所在（吴伟鹏摄）

竹子就很均匀地散开了，可用来做香烛。我们小孩就围着看这些。荒地那里还有人种番薯，我们小时候就常去偷番薯吃。

那时新河浦还是黄泥路，很多搬运工人在码头边装箱，他们用大板车、猪笼车运送红砖等物品，大板车是比较长的，每车大概可以装三四百块砖。四个人搬运，其中一个人在前面拉，三个人在后面推。每逢下雨地面就变得坑坑洼洼，搬运工的工作就变得艰苦了。

新河浦有时都会水浸的，特别是珠江涨潮的时候，大水曾经淹到我们花园里面，水漫过我的脚面。那时候还没有东湖，只有一个崩口塘码头，我们读书的时候可以从崩口塘码头搭船去青年游泳场（珠江游泳场）游泳，后来挖了东湖才没了这个码头。

三号车一开始是“火柴盒”，烧木炭的那种车，后来换成进口的新式巴士了。

20世纪50年代初期，我们跟着家里人去寺贝底摘菜，突然响起“呜……呜……”的防空警报，可能是国民党的飞机来轰炸了，我妈就拉着我们赶紧躲起来了。我们家旁边抗战时就中过炸弹，但因为我们家比较结实，就没受影响，所以后来一有防空警报，我们就让街坊进来躲一躲，因为他们有些住木屋，不太安全。

每逢星期六，我就跑去茶楼找老爸拿五分钱，然后自己搬张小板凳，去培正中学对面的露天电影场，心里面盼着看电影的时候不要下雨。那时流行的电影是《秘密图纸》《羊城暗哨》这类的反特片和《上甘岭》《英雄儿女》这类的战斗故事片。在那个时代，通常都放这些电影的。

以前可能是街坊比较熟一点，邻里关系真是不错。我记得以前居委会就在对面的车房里，那些居委主任什么的，晚上就摇着扇子边纳凉边和街坊聊天，解决一些邻里间的问题，例如三横路的苏大姐就曾经为我们家的事帮过忙。

改革开放以后，慢慢地外来的人就多了，但不时也有一些来寻旧的老街坊。一次，我们家以前租户的女儿，带着她的孩子回来寻旧，对孩子讲以前的故事。后来她们碰到我，大家都觉得对方完全变样了，因为我们都老了。

为了防止水浸，我们用水泥填高了地面，原来五级阶砖现在只有三级（吴伟鹏摄）

新河浦的变化还是很大的，我希望真的别再拆建了，如果那样真的会失去了原来的风貌。现在有很多人回来怀旧，想看看以前的东西，每每就看不到了。

赵国伟：我是1944年出生的，我们家是抗日战争胜利后从云南昆明辗转来到广州的。妈妈当过助产士，来广州后就在东山的医院上班，包括庙前西街的两广浸信会医院及中山二路的邝磐石医院。我家先住东华东路，后来搬到启明二马路。那是归国华侨盖的红砖房，现代化的建筑，租金挺贵的，我们租一个房间，每月就要缴纳十元人民币。我父亲那时在铁路部门做事，工资不高，家里生活并不宽裕，有时候甚至有上顿没下顿的。记得母亲在邝磐石医院有一位同事叫作赵焕然，是女看护，人很善良，是虔诚的基督徒。她见我们家有困难，就时不时接济我们，把一些口粮送到我家里来。我非常感激这位赵阿姨。

1964年我从部队复员被分配到广州市电车公司工作，当了一名无轨电车司机。广州的电车是20世纪60年代初开通的，起初仅有一号线，从东山开往解放北路（当时叫大北路），总站设在体育馆边上。稍后开通了二号线，从东山通往文化公园总站，最后又将解放北与文化公园连成了三号线。

20世纪六七十年代当电车司机可不是一件轻松的事，那时车厢没有空调，夏天乘客多时又闷又热，非常难受。方向盘是机械钛（“钛”是粤语的方向盘），不是风油轪（液压传动的驾驶盘），操作起来又硬又重，相当费力。上海制造的无轨电车比北京生产的相对好些，因为车窗可以摇下，空气能流通，车内湿度稍低一点。我还开过挂有拖卡的车以及十几米长的通道车。

赵国伟接受访谈（吴伟鹏摄）

在行车过程中，有时还会遇到一些意想不到的事情。那个年代总体上社会治安良好，但车上偶尔还会有些小偷小摸的现象出现。当时人们生活仍然穷困，要是被偷了钱包，丢失了工资与粮票，生活就非常难过。我们司机一旦发现有乘客被盗，就会将车子开去公安局或者派出所，再由警方上车处理破案，但有些贼人很奸狡，他们会提前将赃物从车窗往外丢出，以期警察搜身后再下车寻回。不过道高一尺，魔高一丈，公安部门亦吸取经验教训，事先派出一些便衣人员在车上驻守监察。我当时也觉得出奇，那些便衣人员往往长得并非体态魁梧，反而个子矮小，貌不出众。但他们一旦抓住小偷，与贼人搏斗时，却显得力大无比，三两下功夫便可将扒手们绳之以法了。

“文革”时期整个广州人心惶惶，无法正常运转，公共汽车、公共渡轮等交通工具多半停止服务。我们电车公司也有不少人乘机罢驶，我就坚决反对，认为当时群众出行已非常困难，我们更应该负起责任，减少他们生活上的不便。所以我自己带头开车出去为市民服务，也得到很多同事响应，我们一直保持正常行车，为当时死气沉沉的城市带来了生气，使大部分市民得以过上较为便捷的生活，此举深得广大乘客的好评。

改革开放后，我便搬离到北边机场路去了。不过我后来虽然不住东山，还是会常常怀念东山，怀念东山的老师同学，记得我们的化学老师伍广德因病要锯掉一条腿，我闻讯后即回东山探望他。我一位同学叫李懿德，家住培正东路，他小提琴拉得很好，我有空时会回来看他，听他拉琴。他20世纪80年代后期移民去了美国，培正东路的花园洋楼卖了才八万块钱，现在则值两三千万了。每年七中校庆我都回来母校与同学们相聚，畅叙契阔。我有时也会独自去启明二马路走走，现在那里人少了，显得十分幽静，许多房子经过维修活化，亦重新焕发光彩，比我住的时候美丽多了。

我现在虽然已不在东山居住。但对东山的怀想，对少年时期美好时光的追忆常在心头，历久弥新。

20世纪60年代生活固然贫困艰辛，但那时的东山充满暖暖的人情味，邻里之间、同学之间、朋友之间，均是平等相待，彼此帮助，令秋色不悲、冬寒不冷，大家互相扶持着克服困难，迎来希望。

旧时行走东山的电车（资料图片）

记得那时学校同学中间，家境好的骑着单车上学，家住花园洋楼；家境差的赤脚上学，天寒地冻也顶多一件卫生衣。不过，这并不妨碍富家子弟与贫家子弟交朋友，和衷共济，相亲相爱。当时七中（三十中/广师附中）的同学来自各种不同背景的家庭，有华侨富商子弟（如梅国强、李懿德等），有干部子弟（如肖振德、温可风等），有专家教授子弟（如陈洛韬、陈伟达、黄绮翠等），有本校教工子弟（如黄锐波 、李海云等），当然还有更多的工农子弟。但在我记忆中，没有因为家庭出身的差异而影响同学间的关系，我们一样可以相互串门，交流功课，一同玩耍，互通有无；班主任（如冯珊老师）就犹如大伙的慈母，呵护和激励我们，为同学们排忧解难，给我们带来温暖与希望。

东山的光阴，真如陈酿的美酒，散发着浓香，叫我回味无穷。

程炬：1951年12月1日，我妈在庙前西街一个美国华人办的教会医院生下我，我自出生起就一直住在新河浦三横路67号，到了今天已经有64年零8个多月了。

童年时，新河浦一、二、三横路的一大帮小孩整天互相串门玩在一起，我们一起捉迷藏、滚铁环、玩棋、赢烟袋、弹纸角、斗木、养白鸽，有玩不完的游戏。放暑假的时候，我们三横路十一二个和我年纪相仿的小朋友一起去到现在珠江宾馆附近的那条“猪屎河”游水（那时还没有珠江宾馆），见那河边全是员村木材厂的木排，我们就跳上木排玩水。在那里我还捞过十几只好大只的蚌回家，拿一个盆养着。我们也喜欢在菜地旁的水塘捞“花手巾”（又称黄金皮），有人捞到了很多条，见我一条也捞不到，就分了一条给我，回家后我就把烂的暖壶剥开，取出玻璃内层，把鱼放进去养。

20世纪六七十年代的时候，我们在骑楼上辟一半位置养白鸽，楼下就放养鸡。那些鸡周街走都没人偷的，晚上我拿鸡笼下去，那些鸡又会自己回笼。

现在培正中学对面的那座新楼，以前是放露天电影的空地，我们小时候经常在那看电影。但那种放映机换片总要停一停。东山电影院也是我们常去的地方，小时候，我几个姐姐不时带我出去看电影。直到我长大了，一放假就自己去东山电影院看戏。有几出电影现在我还有印象，一出是《三海旅行记》，苏联、印度合拍片，分上下集的。一出是苏联片《红帆》。还有一出中法合拍的《风筝》，我至今还记得这样一个场景——法国一个消防队员在屋顶捉了一只猫下来，两个小朋友则在上面捡到了一只风筝。原来这风筝是从北京飘过来的，其实他们是在做梦，戏挺好看的！

程炬接受访谈（何志达摄）

我们小时候已经没有东山少爷这个说法了，新中国成立后在新河浦住的青少年以军区、省委和其他机关子弟为主，素质还是相对高一点。他们的子女长大后，很多人都搬走了，现在户数就少了很多。从20世纪80年代后期开始，那些屋就开始有买有卖了，因为新河浦的房子是比较贵的，所以新来的人也可以说是非富即贵。

但现在的环境和以前比还是有区别的，一、二、三横路就少了很多棵大白兰树，那些树估计有上百年树龄了。我记得我小时候最喜欢摘白兰花了，在一支竹上绑一根铁线，一钩，花就下来了，我一个小时起码能钩到五六十朵。平时一早走出门口，阵阵白兰花的清香扑鼻而来，沁人心脾。可惜后来的新业主觉得那些树木遮阳，就把它们全砍掉了。

抗战时期，现在《秋光》杂志社对面那三栋楼经过日机轰炸以后都夷为平地，20世纪60年代大家还在那里种番薯。二横路也有一栋成为废墟，只留下水磨石楼梯，我们小时候就去那里玩棋。

1954年到1955年，我还在读幼儿园。记得那时经常会有空袭警报，说是台湾的飞机飞过来，但好像又未见有轰炸。警报一响，大家就要躲到防空洞，我们没有防空洞就躲去楼下。在20世纪60年代，我们的房子曾挂了一块写着“防空避弹室”的木牌，说明这栋楼整体结构还是比较结实的。

家中近百年的地砖（程炬供图）

新河浦三横路17号和19号的屋主原是从美国回来的两个华侨兄弟，是他们从美国把材料运回来建的。新中国成立后我们家底层是省水利厅租用的，二楼是交通厅租用的。我听我老爸说，他们刚开始来的时候，不是用钱交租的，而是计多少担米的。我们那栋楼的特色就是三楼前面有一个类似天棚的平台，大概有客厅那么大。

培正小学现在的教学楼都面目全非了。我们以前读书的时候，有五星楼、五爱楼、抗美楼、健康楼。培正小学的一个门口，后面是块水磨石地面，地上画了线条就当作篮球场，我们读书的时候喜欢在这里捉迷藏。学校有个校工我们管他叫“张飞”，因为他每天早上都提着一条喷水枪整个操场喷，像极了手持丈八蛇矛的张飞。我有个姓梁的同学曾在《羊城晚报》写过连载回忆文章讲保安街小学（现培正小学）的情况。

七中总的来说没怎么变，但建了新楼，看着就更舒服了。

以前新河浦三横路有很多电线贴墙，很难看，有些还是高压线。大概1977、1978年，新河浦实现了全部管线地下化、新河浦涌硬底化。以前的新河浦边是没有人行道的，全是泥路；直到周恩来在省委主持召开三国四方（柬埔寨、越南、老挝三国四个政权）会议前夕，新河浦一、二、三、四、五横路才一下子全部铺上了柏油，但是那些柏油马路不是很规范，没有路肩，旁边都还是泥路。那时我觉得家里面的花盆不够泥，我们就从那里铲一些回家。我记得当时开会期间，一、二、三、四、五横路全都停满了轿车，我从没见过那么多的小车停在这里。

20世纪70年代的时候，新河浦还有一些小工厂，那时还没有修好下水道，它们的污水排到新河浦涌，河涌就发臭了，滋生了很多的蚊。现在地下雨污分流好了，就不发臭了，但还是多蚊。

我记得小时候每逢下大雨大家都会很高兴，因为整条街都被水浸了，可以下去玩水。直到2012年或者2013年还试过一次漫潮倒灌，那次是珠江宾馆那边关错闸，新河浦的所有车都淹水了，水位达到一个车轮的高度，弄得我修车花了差不多两万块。

以前农林下路两边都是田，起码要到20世纪60年代初才慢慢建了平房，我记得1977、1978年我从家里面骑自行车去中山三院，经过杨箕等地一路都还是菜地。

我小时候是没怎么离开过新河浦这一带的，到了初中才自己出去逛，还觉得很了不起。

我们在新河浦长大的人，很多不是粤剧迷，但是我们小时候一早起来上学就能听到有人唱粤剧了。因为现在文化厅的那栋大楼，以前就是粤剧院的排练场。加之以前收音机的广告常常搭配广东音乐，所以现在要我唱一两句粤曲我都没问题。我记得那时我有个同学是白驹荣的女儿，她才上小学一二年级，住在恤孤院路，拿着苏联人送给她爸爸的盲人表玩。当时白驹荣已经失明了，不过他还可以在舞台上演出。

程炬正在为青年人作新河浦导赏（资料图片）

总的来说我的一生还是顺顺当当，没有怎么熬过苦，现在六十几岁就退休了，儿子也大了，两个孙子挺好的。所以我经常跟人说，我很知足的。现在我有时间就去做公益，今年年初在居委的牵头下我和几个志愿者成立了“新河浦居民互助会”，街坊之间互相帮助解决停车、维修、养老等生活问题，都是免费的。不试不知道，原来街坊中有那么多能人，真是高手在民间啊，听说我们还是全省第一个这样的组织，很多东西边做边学吧。

小贩街坊鱼水情

作者：雷鸣夏　时间：2019年11月

儿时的东山是个熟人社会，同学、同事、同乡、师生、亲戚、邻舍、教友等诸多纽带将居民连接起来，温情脉脉，守望相助，门户不闭，串门成风。

不单如此，连走街串巷叫卖为生的小贩，亦与众多街坊相熟相知，感情深厚。那时东山商业网点不及城内完备多元，这就给了小贩一个不小的天地，他们送货上门助益街坊，同时也就为自己谋了生计，双赢之举，何乐不为？

我印象颇深的小贩之一叫作豉油伯。他年纪五十开外，身体健硕，健步如飞。古铜色的皮肤上刻满了皱纹，灰白色的须发不修边幅。豉油伯嗓门特大，大老远便向街坊们宣示了他的到来，主妇们纷纷来到大门口迎接他。他总是一身粗布黑色唐装衫裤，总是捋起衣袖裤脚，令一双草鞋分外显眼。在我心目中他简直就是古代从深山走出来的一个野老。豉油伯是很受欢迎的人，一来他自制的豉油、黑醋、面豉、甜酱品质优良，取价合理；二来他为人和蔼善良，服务态度谦恭讨好不说，还特别慷慨，常常买生抽送老抽，买面豉送甜酱，见到小孩子则必定赏我们两只酸藠头。由是之故，男女老少均喜欢帮衬他，使他生意滔滔。同时他也是风雨兼程，阴晴不误，几乎天天为大家送来各种调味品，可谓有口皆碑了。

另一位很有特色的小贩叫作多仔婆。她不挑货担，而用手挽着一篮鸡蛋。她总是手拉一个背上一个，带着两个小孩一行三人上门卖蛋。她的鸡蛋总是十分新鲜，卖相甚佳，只是她自己的扮相则不敢恭维：衫裤除了补丁外，尚有多处窟窿，简直衣不蔽体了，而且为了方便随时喂奶，大襟衫上的布纽至少一半不扣，显得猥琐不端。我母亲知道她家境困难，除了多多向她购货之外，还时不时送些衣物周济她，甚至付款时故意多夹上一些钱。我想别的街坊也会这样做。

昔日卖咸酸的小贩（资料图片）

昔时每当夜幕降临，东山的街道便成了流动的美食天堂，售卖夜宵的小贩踏着泻满地面的银色月光，穿行于各式洋楼之间，把味佳质优的羊城小食送到东山街坊的舌尖上。与白天不同，此时小贩们不再吆五喝六地叫卖，似乎是要捍卫安宁静谧的夜色；他们约定俗成地改用富于音乐性的呈示方式：卖云吞的敲竹板，卖糖水的打梆子，卖豆腐花的击铛铛，卖飞机榄的吹唢呐……我们家人是豆腐花的爱好者，尤其是在夏季，常常买来消暑。一天晚上，母亲仿佛听到了铛铛之声，便对我们说："谁人想食豆腐花？"我立马响应号召，回房穿上外衣裤，以最快速度夺门而出，却想不到小妹已快我几步，一马当先了。小妹当时才五六岁，我有点担心她，便三步并作两步，意欲将她赶上。谁知在橘黄色的街灯下，她已无影无踪，我即刻转入松岗东路，但那里横街众多，有如迷魂阵一般。我自忖不如，回到街口守株待兔，不然大家变成了捉迷藏，反而顾此失彼。约莫十分钟后，小妹终于同豆腐花阿叔一同出现了。剧情是这样的：小妹亦碰到了横街之惑，不知应该左转还是右拐。情急彷徨之下，竟然哭了起来。刚刚路过的飞机榄阿哥发现了小泪人，便停下来安慰她，询问她有何难处，之后便热心地帮助小妹一同寻找豆腐花，终于大功告成。不久，我们全家便品尝到滋润的蜜糖豆腐花了，我与小妹相视而笑，一家其乐融融。

在物质短缺的那几年，有一个被街坊称作烧鹅佬的人踩着单车在东山进行"秘密活动"。他是亲自从郊区农民家中秘密采购活鹅，然后秘密制成烧鹅，放在秘密的容器中，秘密地寻找顾客（一般是熟人介绍，绝不可公开招揽）。因为那时农贸市场尚未开放，烧鹅佬的行径属于投机倒把，走资本主义道路，是要受批斗的。可是在我们这些饥肠辘辘的街坊心目中，他就是我们的救星和恩人，见到他我们就满心欢喜，如久旱逢雨，狂乐之感不打一处来。诚然，烧鹅佬卖黑市是冒了很大风险的，但街坊们保护他，不管是有经济能力买烧鹅的人，还是当不成顾客的人，没有一个愿意告发检举他。于是乎，烧鹅佬财源广进，不久换了架三枪牌单车；而街坊们则增加了营养，患水肿病的人亦改善了病情。

还有一个专做面粉公仔卖给小朋友的小贩在东山也是广为人知的。我的一位朋友自小便是面粉公仔的迷仔，自然光顾不少，与这个小贩相当熟稔。改革开放后吾友移民去了美国，过了若干年回穗省亲，在街上邂逅了这位小贩，激动得快步上前，和他又握手又拥抱。后来吾友觉得这门手艺值得向海外推广，于是他回美后为小贩先生办了工作签证手续，又出资将小贩先生送至欧美各国去卖艺，推广这项传统遗产，结果大受赞扬，在各地名噪一时。这种小贩和街坊互助互爱的关系，不正是万水千山总是情的光辉写照吗？

动人事例还有许多，限于篇幅，挂一漏万，聊表心曲而已。

木瓜园主事略

作者：雷鸣夏　时间：2018年4月

在烟墩路和寺贝通津之间，有一条浅窄的小巷子相连，巷内住宅不多，却有一间私立道青小学。该校当然没有培正小学气派，也没有育才小学尊贵，却有着升斗市民般的朴实谦卑。在学校生源严重不足的20世纪50年代，道青小学依然生源充足，完全有立足之地。该校校园不大，校舍一律平房，但校长谭女士在东山无人不识。她的肥胖体态总是挂在人们嘴边的话题，坊间老是不间歇地流传谭校长要去“割膏”（动手术去掉腹部的脂肪）的新闻，其散播速度之快，只有今日的手机微信或可相比。不过，谣言止于事实：谭校长照例每天笑呵呵地去上班，挺着大肚腩穿梭道青巷这一羊肠小道，从容不迫。

道青小学对面，有一个地方叫作木瓜园。那里原是一块荒地，芳草萋萋。20世纪50年代初，有人租用该处，遍种木瓜，并用竹篱笆将两三亩地围拢起来。在道青小学校门对面，立起了一扇简朴蓬门，门侧的竹篱笆上挂一个长方形的镜框，玻璃后面是白纸黑字，乃是清秀潇洒的行草体，曰：“木瓜园。”园内尽是两三米高的夏威夷木瓜树，行距与株距均十分讲究，看起来是科学栽培。园门后辟了一条小径，很容易教人联想到“花径不曾缘客扫，蓬门今始为君开”的诗句。园墙并不密实，是用木条钉成，从条隙中可见半米宽的小径尽头有一间青砖乌瓦小白屋，走近了就会见到另外一个招牌，曰：“黑白照相馆。”

木瓜园园主姓谢，系上海人。后来，我与谢园主的公子谢安（当然不是发明谢公屐的那位，我不敢穿越）成为中学同学，才有机会进入该园游玩。是时坊间流传着这样的故事，说园主原来在沪上也算是家境殷实之人，就活脱一个小开吧，他与原配夫人育得一女一子之后，太太却因病离他而去，撒手人寰。谢园主丧偶后孤苦一人，郁郁寡欢，便三天两头往舞厅跑，成了百乐门之类夜店的常客。于是，既跑熟了舞厅，也就跑熟了舞女，与后来成为第二任太太的那位日久生情，终于爱得死去活来而不能自拔。然而谢小开父母乃体面之人，如何容得下一个欢场女子嫁入谢家？那岂不是要让家族名声受损，斯文扫地，无脸见人？因此，谢父谢母严下禁令，吩咐儿子马上与相好的舞女断绝关系，从此不相往来。风月场所嘛，本来玩玩无妨，但无论如何都不能投入真感情呀，那可是要自毁前程的。当时上海滩上一般有钱人家均作如是想。

道青巷左手边围墙内即为昔日之木瓜园（陈梦醒摄）

谁知谢小开却是痴情公子，一旦爱上了，就永不回头，宁可殉情，誓不背叛。他与新欢山盟海誓，厮守终生，什么父母之命、媒妁之言，一概抛开，甚至明知将来的财产继承权会被褫夺也在所不惜。在父母逼他与指定人选完婚之际，谢公子便三十六计走为上计，携舞女连夜私奔，带上子女，坐轮船来到广州。

离开家庭，失了依靠，只能靠自己的双手了。于是他们选择了简单的活命方式：种木瓜，搞摄影。木瓜是粗生的作物，容易打理，一种便上手，而且一年几熟，很快有资金回笼；拍照是上海小开勾女的必杀技，人人精通，得心应手。二人从十里洋场的国际大都市，来到省城穗市的东山小巷，确实有点看破红尘、解甲归田的样子。只须将陶渊明的诗句稍做改动，即成了二人那时的真实写照："采瓜东篱下，悠然见东山。"不过，话说回来，二人虽是隐居，却并非遁世出世不食人间烟火。他们一家四口固然不能过奢侈生活，却也丰衣足食、自由快活、滋润惬意。园主夫妇依然不改沪人注重穿衣打扮的习惯，夫君照样油头粉面，妻子不改艳抹浓妆。上海带来的服装自然比羊城的更加时髦摩登，怎能不光彩照人，吸睛夺目？很快，木瓜园伉俪便成了东山名人，一般的街坊邻舍前去光顾的不少，既买佳果，又洗相片，同时一睹“木瓜西施”的芳容，何乐而不为？只是庙前直街的波记生果铺及华华照相馆有些不悦，他们的部分生意被抢走啦。

20世纪50年代中，木瓜园的地主收地建房，谢氏夫妇搬到东华东三路公共汽车总站处（离启明路口很近），重开黑白照相馆，并且在橱窗中时常挂出谢太太搔首弄姿、性感撩人的放大照片（至少二十几寸吧），时时吸引行人驻足观赏，虽是黑白相片，但有时比彩色（那时流行人工上色）的更加动人，光影更加强烈，质感更加细腻，所以路人的兴趣不会减少。谢虹、谢安二姐弟当时均在东山的中学读书，二人人缘都好，从而吸引了不少同学去影毕业相，班级外出活动也请谢先生随队拍生活照，这些情景都活在我的记忆之中。

到了20世纪60年代初，黑白照相馆退出了历史舞台，从此不见其踪影了。多年后才知道，他们一家1962年左右已离穗赴港，开始他们新的生活了。他们如何出境，也没人说得清楚。

从灯红酒绿的大上海来到相对平实的小广州，又奔往花花世界的香港地，估计还是铅华未曾洗尽，人欲尚未去清，某种基因始终在起作用吧。道青巷气氛很清静，木瓜园结果很香甜，但当事人心里是否安宁，生活中是否苦涩，又有谁知？况且我那时也只是个天真少年而已。

东山的台山人

作者：雷鸣夏　时间：2018年1月

雷鸣夏于家中（吴伟鹏摄）

笔者生于东山，长于东山，籍贯是广东台山。在我记忆中，早年东山的台山籍居民颇多，上街时台山话不绝于耳。位于寺贝通津的东区八小（前身为私立群庆小学）是我的母校，老师及同学中“乡里”不在少数，如做了我三年班主任的梁益珍老师是台山人，同班书友中台山子弟及直接从台山乡下来省城就读的就有伍国雄、梅国强、马立平、关和适、汤金爱、梅碧娟、李兆棠、邝华针、梅华健、刘弄佩、钟瑞华、余翠琴等十余人。

我家的台山亲戚也有不少住东山的，比如住新河浦的三婆和韶姨、住寺贝通津的金凤姑、住寺贝新街的姑婆和表姨，还有住在农林上路的肇祥公和住农林下路的二姑姐等等。逢年过节，大家也就因袭新宁的老风俗，做出各种可口的家乡食品。我们过年做大龙金（糯米糕）、煎堆（甜皮咸馅那种），清明节做老鼠艾（加入艾叶汁的甜点），端午节做台山粽子，中秋节做蒸芋头仔，过冬做咸汤圆，遇到添丁就煮猪脚姜醋（台山人要加金针）。如果乡下有人出来，大家就会互赠他们带来的乡土特产（如猪仔薯、葛粉、咸虾酱、薯番薯、霉香咸鱼等）。我父母都是台山籍，家慈既善烹制克戟

台山华侨在农林上路建造的一座洋楼，今已不存在（资料图片）

（Hot Cake，鸡蛋煎饼）、穿窿饼（Doughnut）、三明治（Sandwich）、沙律（Salad）等西式食品，也会做台山人的传统食物，如薯酸、咸鸡和各种点心。东山的台山人家吃的东西可以说是土洋结合的。

为何早年东山台山人多？皆因那时的美加澳新华侨多有叶落归根的观念，退休后定要返台山定居，颐养天年。而华侨中以台山人居多，他们见到东山由美国人开发后，学校、医院、教会样样齐全，接近他们在侨居地的生活环境，地价又相对便宜，因而选择在此建屋便是顺理成章之事了。随着东山逐渐在台山人中有了口碑，不少在家乡生活的侨眷也就乐于迁入东山居住以求提升生活质量，于是来自海外与家乡两地的台山人如滚雪球般越来越多。

东山的培正中学声名远播，台山华侨一边积极捐款资助该校，建成了美洲堂、古巴堂及澳洲堂，一边踊跃将子弟送回东山学习中国文化，为此培正中学还专门开设了寄宿制的侨生班。我在古巴的祖父的一位好友的儿子叫邝国柱，是混血儿，长得一副西人模样，但他父亲仍坚持要他回国学习中文，于是就寄居于我家。

华侨对祖国和家乡的传统素来珍而重之，常常怀念故乡的风物人情。在寺贝通津19号进园（已定为历史建筑）内住着一户台山侨眷（户主李金

培正美洲堂旧照（资料图片）

凤），你不会想到在如此小资的花园洋楼的一角竟安装了一副从台山搬来舂米粉的碓子。其实城里到处可买到米粉，并不需要主人亲自动手去舂，但这毕竟是乡愁的寄托，超越了物体功能的情感所在。我小时候也常去进园玩，也用过该石碓舂米粉，这是永远不会忘记的。

寺贝通津民国时期最高的建筑物是敬华堂，连地下室一共五层，楼很高，阳台又大又多，是风凉水冷的宜居之处。它是台山姓邝的华侨出资兴建的大宅，既是族人聚居之所，亦是他们出洋或返乡路经省城时的驿站。我的同学邝华针及李兆棠曾居住于此。李兆棠小学毕业后去了美国。他的母亲邝媚娟声音洪亮，每当兆棠去了同学家玩耍，她在阳台上对街一呼："兆棠返来食饭呀！"当即四周可闻，李兆棠也就乖乖回家去了。敬华堂四楼的山花上书有"敬华堂"三个大字，可惜现已斑驳脱落。不少路人因辨认不清而常陷入迷惑，不知此三字字字千钧，道出了多少华侨的赤子之心。记得敬华堂在20世纪50年代还住过一些从印度尼西亚归国的台山华侨，当时印尼当局不许华侨携带现金出境，华

已斑驳脱落的"敬华堂"三字（吴墨林摄）

侨只好带回一批物资到中国后再变卖折现。那时印尼华侨一到，我们这些街坊就纷纷前往帮衬。我当时选购了一些练习本、圆珠笔等文具以及橡胶人字拖鞋。前者款式新颖、质量上乘，拿到学校让同学羡慕不已；后者在当时的国内是稀罕货，穿在脚上显得特别神气。

东山的台山华侨众多，自然就会有出类拔萃者，下面容我就个人记忆范围内对杰出台山华侨作简单介绍。

民国时期东山名气最大的军界台山人，肯定是空军副总司令黄光锐了，此公系旅美华侨，早年曾参加孙中山领导的同盟会，学历甚高，是为数不多的双料留学生（留美及留苏）。他专攻航空飞行，从试飞员做起，步步高升至航空队长、航空局长、航校教官、航校校长、航空委员会副主任、航空研究所副所长，最高职位为国家空军副总司令。这位空军中将在两广事变（1936年）中起了关键作用，他自称“抗日救国军”空军司令，将“南天王”陈济棠的50余架先进军机从广州弄到南京，结束了“两广独立”的局面，促成了国家的统一。黄的公馆在农林上路，庭院阔落，黄色洋楼，十分幽雅。黄光锐还是杰出的飞行家，为驾机飞遍全国第二人。

黄光锐（资料图片）

另一位东山的台山籍中将是林伟俦。林也是留学生，在法国学习航空，出国前他从黄埔军校四期毕业（与林彪同期），还参加了北伐。20世纪30年代加入粤军，历任营长、团长、旅长、师长、军长。抗战时林氏参加了长衡、桂柳等大型会战，获颁少将军衔。抗战胜利后，他被派往印度美军战术学校受训，之后晋升中将，任十七兵团副司令及天津警备司令官。此君后来的经历十分传奇：本来他随傅作义将军起义，却因曾实施焦土防卫而引起民愤，被改成战犯身份，被监押至1961年始获特赦。后来风云变幻，他获平反，不作战犯对待。林氏离开战犯管理所后回到广州，曾到我家造访先父，二人谈笑甚欢。我记得他在我家客厅偏偏不坐沙发，而坐到父亲办公桌的转椅上，转来转去，就像一个不安分的小孩子。后来林伟俦移民加拿大去了，而

林伟俦（资料图片）

他的太太孩子早已移居该国。林的故居林园在保安后街，原与彩园为邻，前院种有几株高大的假槟榔树，十分壮观。该楼仍存，但在军事管理区内。林园曾为电影《羊城暗哨》外景场地。

另外，值得一提的是两位陆军少将，一位是梁岱，另一位是先父雷秀民。两人有不少相似之处：均是台山出生、日本留学（陆军士官学校）、官拜少将（梁岱在国军中最后职位是十四军参谋长，先父则是一五二师师长），二人均在抗日中立过功。二人尚有一共同的经历，就是都曾经被刘伯承元帅罗致到解放军南京军事学院，在高级系当军事教员，为解放军培训了不少指挥官。20世纪50年代，两人转业回广州后均住在东山，梁宅位于马棚岗，先父则租住了寺贝通津隅园，之后二人均为统战对象，梁氏在省政协，先父则在市政协并兼东山区政协常委、副秘书长。

发给笔者家庭的革命军人家属证书（雷鸣夏供图）

东山区台山人早年投奔革命阵营的也不少。比如，我的二姑丈谭树棠，20世纪30年代在日本明治大学负笈时已加入中共，与另一位台山人李嘉人（曾任广东省副省长）经历类似。谭氏在新中国成立后曾出任台城镇长，后上调广东省委宣传部，亦参加过茂名石油项目会战，20世纪60年代后因病在家休养。本人的胞兄雷鸣春，1949年在澳门培正中学读书时已参加地下党组织的读书会，学习马列斯毛的著作，1950年4月投身公安军，后长期在广州市公安局服务，历任研究科科长、户籍科科长、公安学校校长，改革开放后调任中共广州市委党校教研室主任、常务副校长。

还有一位台山女子伍竹迪，在20世纪50年代初曾名噪一时。她在执信女中上学时即投笔从戎，参加人民空军，成为新中国成立后第一

伍竹迪（资料图片）

代女飞行员。这个新闻曾轰动一时，伍竹迪亦成了不少杂志的封面人物。

东山台山人中的商界名人亦不少。纽约归侨梅彩迺旅美时长袖善舞，多种经营，生意越做越大，被当地报纸誉为“华人中的洛克菲勒”。他20世纪30年代回国后在东山建造了全东山最大规模、最上档次的花园洋楼群——彩园。该园位于保安前街，占地将近3000平方米，内有房屋四栋，院内芳草萋萋，绿茵如毡，奇花异果遍布其中。梅的曾孙国强是我同学，我小时候常去彩园，得以品尝一些从未食过的水果，如番鬼荔枝、番鬼葡萄、凤眼果、人参果等等。梅彩迺1955年以近百岁高龄寿终正寝，出殡时灵车上置放着西式名贵棺木，有铜管乐队奏乐，送殡队伍多达几百人，生荣死哀，成一时佳话。

黄洁（资料图片）

谈及东山的台山人，还不能不提到一位曾经官拜副省长的杰出归侨，他就是黄洁。20世纪60年代笔者与黄副省长的千金同在十六中（时称中山医学院附中）求学，她比我更后入学，但我认得她，也知道她家住在执信南路。

出生于著名侨乡台山的黄洁，儿童时期便随父卷入了出国谋生的大潮，不过他不像大多数乡里那样远赴北美，而选择了就近下南洋，在新加坡和印度尼西亚拼搏了大半辈子。由于黄洁勤劳、诚实、聪慧、坚毅，终于在南洋闯出了自己的一片天，成功地与友人

进园是典型的台山华侨住宅，现已被评为广州市历史建筑（雷鸣夏摄）

进园内从台山搬过来的舂米石碓与图中者为同一类型

许崇德创办了巨港信记有限公司，生意兴旺，如日方中。新中国成立后，黄洁毅然结束了印尼的业务，携带全部资产返回台山参加祖国建设。他组建广东省华侨投资公司，动员其他侨商积极参股，从贸易着手，创办实业，兴建华侨新村，为家乡的繁荣做出很大贡献，为国家创收了巨额的外汇。1966年“文化大革命”爆发，黄洁受到冲击，是年冬天因病离世。

东山的台山人有不少是留洋海归、高级知识分子。中山医学院一级教授陈耀真是留美博士，中国眼科学泰斗，与夫人毛文书均为一流的眼科医生。民国知名建筑师黄肇祥亦是留美“学霸”，在东山设计建造了不少精致的小洋楼。他自住的房子在农林上路三横路，三层高的清水红砖建筑，四周花园颇大。黄氏很注重生活情调，在东山率先自备小汽车，每天自驾上下班。他的家人都酷爱音乐，除弹奏钢琴外，还组织了弦乐四重奏小乐队，家中常常仙乐飘飘。黄肇祥的侄子黄明慧教授就住在隔壁，他毕业于东京帝国大学，专攻政治经济学，回国后即任大学教授，是在中国最早讲授马克思《资本论》的学者之一。住在寺贝通津的伍恩亚出身名门望族，其父伍籍磐是广州大商人，曾投资广州有轨电车项目。后来伍恩亚北上求学，在燕京大学学习声乐，是出色的女高音歌唱家。我小时候母亲常常带我去她家听她唱歌，我虽不懂她唱的内容，但听得十分震撼。她的高音穿透力强，在寺贝通津很远的地方都能够听到她的金嗓子。伍恩亚后任教于星海音乐学院。

李锦纶先生（资料图片）

东山的台山人当中，面相如同“鬼佬”（洋人）的竟然也有，那便是培正中学的李锦纶校监。李锦纶是旅美华侨所生的混血儿，1908年回国，即担任培正中学校监，1910年后兼任两广浸信会劝学部部长。1918年被委任广东交涉员及粤海关监督。之后李锦纶官运亨通，步步高升，先后出任上海沪江大学副校长，驻墨西哥、葡萄牙及西班牙公使，中华民国代理外交部部长。一个长得和西洋人非常相像的人担任中国的外长，真是有点匪夷所思！但李氏在外交界的勋劳贡献，却是有目共睹，受到公认的。同时，他早年在教育工作中的卓著成就，亦是有口皆碑，获得一致肯定的。

东山堂是广州全市最大的基督教堂。在东山堂的同工中，也出现过杰出的台山人。教会执事卢连是一位老归侨，他除了热心教会本身事务外，还热心于公益事业，为了筹办教会安老院，不辞劳苦几番赴美募集捐款，成事后又亲任院长，亲力亲为照顾老人。卢连居于寺贝通津，活到90余岁。东山堂还有一位出色的女传道人叫雷惠芳，除了负责传道工作之外，还在隔壁的慕光瞽目女子学校担任负责人，牧养那些不幸的失明女子。抗日战争期间，雷惠芳勇敢地留守广州，冒险为教会看管物业，为教友安排聚会。

创办东山安老院的卢连先生故居（雷鸣夏摄）

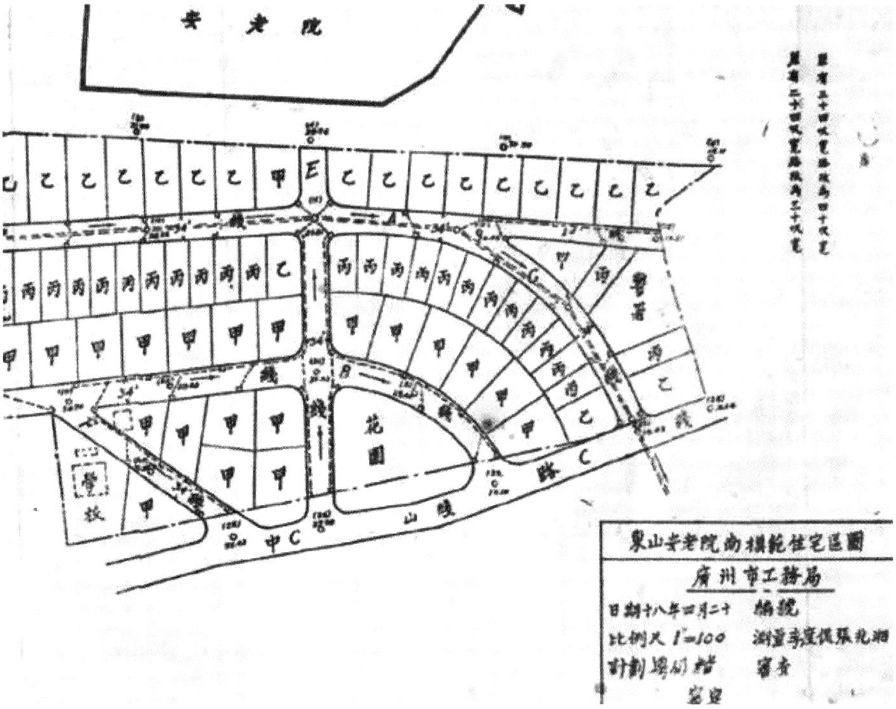

东山安老院南模范住宅区图（资料图片）

台山三任民选县长刘栽甫（资料图片）

20世纪50年代，东山还住过一位很特别、很传奇的台山人，他叫刘栽甫，曾是民国时期民选台山县长中任职时间最长（七年多）的人。刘氏早年就读于两广师范学堂，在北洋时期曾任国会议员，在选举总统时，他是唯一不投票给袁世凯的人。20世纪20年代孙中山批准台山县实行自治，民主选举县长，刘栽甫以高票当选。他在奠定台山现代行政体制、兴办教育、振兴工商、建设新宁铁路等各个方面均有宝贵贡献，乡人对他的建树多有肯定。

离开台山县长职位之后，刘栽甫一度出任广东省财政厅厅长。不久后他便离职流寓香港。

20世纪50年代刘栽甫返回广州，入住东山。他获委任为广东省人民政府参事室参事、广东省政协委员。刘氏20世纪60年代初卒于东山。

东山与台山有关系的人和事，其实还有许多许多，本人阅历有限、记忆有限，只能作一简述，以求抛砖引玉。

东山的外国人

作者：雷鸣夏　时间：2018年1月

东山自20世纪初开发肇始，便已是一个国际化的社区。先后有美、英、法、德、俄、荷、丹、越、朝、土、意等国家的侨民在此长期或短暂居留，从事各种活动。

东山吸引过不少境外的革命志士来此工作，有以胡志明为首的越南革命者，有以崔庸健为代表的朝鲜革命者，有马林、鲍罗廷、越飞、加仑等荷兰及苏俄的共产党人。

东山曾有苏联领事馆及德国领事馆驻节，还有韩国流亡政府一度在此落脚，因而这里曾经成了一些外国官员的家园。20世纪50年代印度尼西亚总统苏加诺访华时亦于东山宾馆下榻。

东山老居民中华侨和留学生比例很高，他们当中有的人在海外生活时与当地人士结了婚，归国时自然也就成双成对了。比如造船专家伍景英妻子是英国人，建筑大师夏昌世与骨科大夫邝公道的太太是德国人。东华东路邵记饼干店的老板娘是巴拿马人。

东山亦吸引了不少外籍人士前来投资，经营各种生意。20世纪初即有丹麦人力架文开设大北毛厂，20世纪30年代德国人曾与陈济棠洽谈开发二沙岛项目，20世纪50年代白俄尤里开办过红星俄语补习学校，并娶了一名中国女子，成了东山女婿，改革开放后土耳其人、乌克兰人及意大利人在东山开办了餐厅。

亦有外籍人员参与了东山学校的建设与教学工作，比如美国人容懿美、甄爱斯、纪好弼、泊女士、欧慕灵、杜信明、悉士文、希祝虔等。美国人湛罗弼开办了美华书局，并附设现代化的印刷工厂，还开设了东山至沙面的水上交通航路。

故校長力約翰夫人　　前校長歐慕靈女士

本校創辦人

MISS EMMA YOUNG

founded Pooi To March 3, 1888
Married Reverend W. S. Ayers 1889
died in 1935 in Westfield, Massachusetts

歐靈慕女士

本校第一任校長
服務三十五年

JANIE LOWREY SANFORD
MRS. R. H. GRAVES

1881 Missionary to the Chinese in San Francisco, California
1888 Missionary to Canton, China
1889 Principal of Pooi To
August, 1935 returned to America
Died in Mobile, Alabama June 19, 1944

紀賴師夫人

培道女子中学早期的四位美国籍校长（资料图片）

培道中学另外三位美籍校长（资料图片）

美国医生关约翰（资料图片）

美华书局创办人湛罗弼及新河浦珠江边的美华书局旧照（位于现军区大院内）（资料图片）

澳大利亚建筑师帕内（资料图片）

也有在东山做了坏事、犯下罪行的外国人。20世纪三四十年代日寇占领广州，在东山中大医院内用活人进行细菌战试验；又强占了培正中学、东山堂等场所安置伤兵，没收了大量东山洋楼供日军官兵居住……其丑恶罪行是罄竹难书的！

相信上述的外国人大多淡出了东山人的记忆，但我脑海里，夏太太老而弥坚打扮得花枝招展上街购物的模样，邵太太热情洋溢地用饼干招待子女同学的情景，尤里酒后在街上手舞足蹈的怪相至今仍是鲜活的图像，时不时浮现出来，教我不能忘却。

左为夏昌世的德国太太，右为丁纪徐的德国太太（资料图片）

1962年春天，我在中山医学院附中（现16中）上高中，一日下午自习课课间休息时，我们来到校园透口气，忽然看见几位金发碧眼、高鼻深目的外国帅哥走进了我们的校门。传达室的工友招架不住，赶紧打电话给外语科组的老师。英语老师前来接待，却发现是“鸡同鸭讲”，沟通不了。本校唯一的俄语老师李吉祥却派上了用场，倾谈一番，才知他们是阿尔巴尼亚海员，在市区游览却迷了路，便来我校求援。我们那时难得见到外国人，也就用蹩脚的俄语与他们攀谈，谁知竟是“海军遇水师”，讲了几句便卡壳了。后来为了化解“哑口无言”的尴尬场面，李老师便邀请外宾去打乒乓球，一时气氛热烈，高潮迭起，双方玩得不亦乐乎。不久省外办接到了学校电话，派小车来将阿尔巴尼亚船员送回黄埔港去了。这是我第一次在东山见到了阿尔巴尼亚人。

苏联人越飞（资料图片）

荷兰人马林（资料图片）

第五章

东山拾零

DONGSHAN STORIES

旧时东山杂忆

作者：雷鸣夏　时间：2018年4月

一、舟车往来

直到20世纪50年代，东山居民凡往市中心（如财厅前、太平南、上下九一带）探亲访友、办事消费，均一律称作入城。如须入城，大多数人的“指定动作”则是坐大车无疑。所谓大车者，公共汽车也。须知无轨电车乃20世纪60年代才在五羊城出现，当时亦无“公交车”这一称呼。20世纪50年代初，由于汽油紧缺，几乎所有大车均是烧木炭的，木炭炉或如一个小型锅炉背在车身后面外部，或内置于车厢内部之右后方。当时的大车全部改装自英美日德等国制造的卡车，车身则在东华东路梅花港的装配厂设计生产。最初全为木壳车厢，涂装为上白下绿，或上灰下绿。这种车就是“挂炉”式的木炭车。20世纪50年代中期开始有了铁皮车厢，涂装为上白下红或者上咖下绿。这时炭炉开始置于车内了。这样司机伯伯就可以在途中加装木炭而不必外出，免去日晒雨淋之苦了。木壳车和铁皮车尚有一个不同之处，即前者的座椅为木制，是硬座；后者则用人造革蒙面的弹簧椅，是为软座。

民国时期一路公共汽车东山总站（资料图片）

1954年是大车现代化序幕拉开之年。首批从匈牙利进口的伊卡路斯牌公共汽车率先投入三号线服务，从东山开往荔湾。这种车以柴油为原料，利用压缩空气自动开门，转向指示已不再是手动的指示标，而是从车厢前面两侧自动扬起一个指示器，不断在90度范围内来往摆动，特别清晰夺目。第二个不同之处是喇叭声如小汽车一样悦耳，不再是先前司机用人手按皮球的那种土制小喇叭，又刺耳又难听。最重要的分别还是引擎从外置变成内置，这样司机的视野不受任何阻挡，能更好地看清路面状况，减少交通事故，但弊病就是车厢内油味太重，空气质量变差，噪声与震动都颇大，每每令乘客有所不适。最后是座椅全部软席，车上除开合式（横向）窗户外还有弧形天窗，乘客既可游览街景，又可欣赏蓝天白云。两种窗户均装有布帘，阳光过猛时可用以遮挡。可惜由于当时布匹短缺，窗帘破烂以后不再更换，于是天窗用油漆涂上，大违设计师的初衷了。

从东山出发的一路公共汽车（江少坚供图）

1956年，广州又从英国进口了一批原装公共汽车，与当时香港岛行驶的单层巴士一模一样。一如既往，也是投放三路线来往东山和荔湾。而匈牙利的伊卡路斯牌公共汽车则转往一号线行驶，从东山开往黄沙。英国车的发动机既不安装在车厢前方外部，也不内置于车厢，而是折中地安设在司机座位的左侧，与驾驶室隔离，这样就避免了上述的匈牙利车的缺点。英国车座椅十分华贵漂亮，用丝绒蒙面，无异于小型沙发，只是广州夏天时气温与英伦大异，没有冷气开放的条件下坐丝绒沙发并非享受。还有就是车门分两种，一种也是自动开闭；另外一种是铁闸，须售票员人工操纵，如遇狂风暴雨，则车厢内难免有雨水进入，祸及靠门的乘客。到了1957年，广交会的展品——北京及上海两地利用长春一汽解放牌载重汽车的发动机及底盘改装制成的新型公共汽车在闭会后移交广州公共汽车公司，被安排在二号线行驶，从东山开往如意坊。说到二号线，它的行驶路线曾变了又变，新中国成立初期二号车到东山后先径直开上梅花村，然后调头回来转入署前路总站。后来中山一路那段不走了，到1957年时又一度将总站搬迁至达道路—广平路交会处，即在中行别业前面。二号车东行时经庙前直街、烟墩路、保安前街右转进入达道路总站；西行时则走达道路、美华路，过桥经省委大院，再经新河浦路、龟岗大马路恢复原线行驶。但不知何故，数月后东山总站又搬回署前路，另设二路辅线行驶上述的延伸线路，不久后辅线亦告撤销。

到了20世纪50年代末60年代初，广州公共交通迎来了大发展，广州开始自己装配大量国产巴士，包括拖卡车、半挂车、通道车等载客量大的车型，行经东山的公共汽车线路亦有所增加，如从梅花村开往大沙头的十八路车，从东风路开往流花桥火车站的三十路车，以及从越秀南开往沙河的十一路车，开往黄埔的三十路车，还有途经东山中山路、农林下路的二十二路车、十六路车等等。无轨电车亦从1961年开始营运，总站设于农林下路，分别有一路车开往体育馆，二路车开往文化公园。

20世纪60年代初引进的匈牙利产公共汽车（资料图片）

东山是广州市最初开办计程车业务的地区之一，民国时期私家车亦比其他区域多。

20世纪五六十年代，广州的出租小汽车服务仍有，主要是应付交易会外宾，但平时亦服务市民。东山署前路20世纪50年代初尚有私营的士公司。公私合营后市出租汽车公司在白云路设有营业点，车型分甲、乙、丙三种（豪华车、普通车、小型车）。那时候没有计费器，是按里程表读数收费的。有所谓基价，然后每公里再加收。记得基价约为一两元，公里价好像是1.5元/公里（甲种车）、1.20元/公里（乙种车）及0.90元/公里（丙种车）。当时的甲种车有日产皇冠，乙种车有波兰小华沙，丙种车有英国奥斯汀等。说实话那些计程车仅为小众服务，多数人是坐不起的。即使是小众人士，亦往往只是在接送新娘、接送病人、接送贵宾前往车站码头、机场时才会租车，并非如同今日普罗大众皆可随手招停并且无须精打细算即成为出租车的座上客。

东山20世纪五六十年代署前路铁路闸口，现已拆毁，东山口的称谓即源于此（资料图片）

20世纪五六十年代的升斗市民、老弱病残者尚有一个选择，便是搭乘三轮车。三轮车胜在全天候服务，风雨无阻，收费合理，服务人性化，深受老一辈的欢迎。到了20世纪70年代初，人力三轮车全面被机动三轮车（市民戏称其为“三脚鸡”）及微型汽车取代。东山署前路便设有机动车三轮车站，提供便捷服务。

东山的铁路服务也是值得一提的。那时候有市郊列车从广九火车站（白云路）开出，北线往江村等地，东线往黄埔蟹山。当时在华工、华农、华师等高校读书的学生，很多都是从东山梅花村站上火车，至石牌车站下车，以解决他们的通勤之需。

广九铁路通车后第一列到达大沙头车站的火车（资料图片）

民国时期由广州大沙头开往九龙尖沙咀的“广州淑女号”（资料图片）

旧日广九火车站站前广场（资料图片）

水路交通也是不应遗忘的。东湖挖掘之前，东山居民如欲前往河南康乐园（中山大学）或珠江泳场（前称青年泳场），甚至去二沙岛，均可在合群路崩口塘坐一小舢板（可坐八人左右）前往。人力双桨，咿咿呀呀，顺风顺水，平平稳稳；遇大船经过则被波浪抛上抛下。那种放慢节奏的生活情调，贴近自然的出行模式，承袭传统的怀旧乐趣，对于今日的东山人来讲，恐怕是千金难求的奢侈品了。

珠江东山水道交通繁忙（资料图片）

东山大沙头曾设有客运码头，由此乘船可达珠江流域各地以及一些沿海城市。

二、饮食

20世纪50年代初中期，东山的食品供应可谓丰盛多元、丰俭由人，一个家庭一天用于买食物的资费如果达到一元，那便是有鱼有肉、有蔬有果的了。小家庭一天花三四角钱，已是小康。东山一带肉菜市场很多，有龟岗街市、东华东街市、东川路街市、执信南街市、寺贝底街市等。龟岗是最大的街市，食杂店甚多，德安路专卖蛋品，为食街专卖水产，东成与八百载是两大烧腊铺，供应品种除现时常见的烧肉、叉烧、卤味外，还有鸭脚包、金银润等如今难得一见的东西。那时，包装材料十分环保，用干荷叶代纸、水草代绳，先用酸芥菜垫底，放上烧味，再浇上卤汁，回家打开，香气扑鼻，其味无穷。

街市中干货湿货、三鸟（鸡鹅鸭）、三畜（猪牛羊）俱全，鱼有淡水鱼（塘鱼）、咸水鱼（海鱼）之分。不过当时并无河鲜、海鲜之称谓。我记得东华东街市有蛇档，即卖即劏，取出蛇胆马上冲酒让顾客喝下，据称医治风湿病效果甚佳。那里有时还卖猴子肉，俗称“生劏马骝”，用槌子打碎猴子脑壳取出大脑即时生吃，说是十分补脑。当然，以今天观点视之，这未免太过虐待动物了！那时禾虫、沙虫这些东西也常常有卖，海鱼自然是第一鲳、第二芬、第三马鲛郎；此外还常有黄花鱼、红衫鱼、带鱼、海底鸡项等种类。但那时是没有石斑、龙趸、鲍鱼、带子这一类海产出售的。

东山肉菜市场（陈梦醒摄）

20世纪50年代的鱼档是很有特色的：一边是一个木做的大鱼盆，上面架着一条大碌竹，上面开有数个小洞，有水柱由此喷出，落至盆上。盆的面积颇大，可供活鱼在盆中游水嬉戏。另一边是一张大木台，上面放满已开边的大条塘鱼，如大头鱼、鲩鱼等。鱼贩不断用一种看上去类似雪花膏那样的东西涂抹鱼体，这样鱼身就会发红，鱼血溢出，给人一种新鲜生猛的感觉。

文苑是一家大型食品店，设在庙前直街与龟岗拐角处，人流不绝。这里可买到糖果、饼干、罐头、蜜饯、汽水、酒类等种种加工食品和饮品。那时东山人家探亲访友免不了带些手信，一斤苏打饼干及稍后上市的柠檬夹心饼是不少师奶的首选。如果探访对象家有小孩，则改为购买烟仔饼、水泡饼、公仔饼、肚脐饼等，因为小朋友有得食有得玩，就会特别开心。

到了20世纪50年代末60年代初食品供应全面短缺。文苑曾卖过一批高价罐头，那是两种葡国老人牌沙丁鱼，红罐的是茄汁沙丁鱼，黄罐的是橄榄油沙丁油鱼。巴掌大的一罐，重量仅200克，售价每罐人民币一元五角。据说是由澳门爱国人士何贤（何厚铧父亲）帮忙进口的。不少人因为饿得难受，就咬着牙买一罐尝尝（等于或超过一天的工资了），味道是很鲜美，可就再也买不起了。我记得文苑那会儿还出售过伊拉克蜜枣（椰枣）和古巴砂糖（咖啡糖），因价格便宜，买的人真不少。

庙前直街有两间相邻的面包店，分别名为纽约、金鹰，都是美国归侨开办的。20世纪50年代时售价为面包五分钱一个，西饼七分钱一件。前者的品种有奶油包、菠萝包、鸡尾包、豆沙包、芝麻包等，后者则包括忌廉卷、咖喱角、椰丝挞、核桃挞、各式蛋糕等。最畅销的好像是枕头包，那是无馅的方形长身大面包，好像是一角钱就能买一格（约有八厘米宽），买后店家会主动将其切片，然后按顾客的选择分别涂上果酱、花生酱或芝麻酱，并不另外收费，许多人都会买来作早餐，不用自己动手，省时省事。东山也有卖中式饼食的铺头，名曰陈英记饼家，设于东华东路。什么老婆饼、核桃酥、皮蛋酥、冰肉酥、莲蓉酥、小凤饼、光酥饼、西樵大饼等等，这里全能买到。陈英记附近还有一家饼干专门店，老板娘是个巴拿马人，讲一口流利粤语，因嫁给华侨而来穗定居。

东山的酒楼食肆不算多。较大型的粤菜酒楼有冠华楼（庙前直街）、云香楼（东华东路）、东山酒家（原名东山食堂，20世纪50年代在东华东开业，后迁至龟岗）和寺贝底的好好酒楼四家。庙前直街的外江菜馆妙香园，后改为北方饭店，规模扩大，营业面积达三个楼层。那里出品的烧饼堪称一绝，松脆香口，层层好味，20世纪50年代才卖两三分钱一个。小食店以粉面类为主，龟岗有一家牛腩粉铺曾经生意兴隆。卖云吞面的，大鸡六口碑亦甚佳。这是个大排档，最初开在一路车总站旁边现公共厕所的位置，后因兴建公厕搬至署前路铁路边。因价廉物美，老少咸宜，生意源源不断。

东山庙一带有三间冰室，分别取名“大公”“中兴”及“三喜”。供应品种主要是三大类：雪条、雪糕和冰水。雪条有大小之分，大的五分一条，小的三分，有牛奶、红豆、椰丝、绿豆等口味。雪糕的种类有香草（云呢拿）、牛奶、红豆、菠萝、香蕉、巧克力（朱古力）等，售价每杯一角（单球，如双色、三色则加价）。冰水有红豆冰、菠萝冰、什锦冰等。保安前街有一军人冰室，在彩园对面，对外营业。那里可以买到冰冻牛奶，一角一杯，香味浓郁，独家供应，是本人的至爱。20世纪五六十年代，广州的冰室冬天改卖腊味糯米饭，并不关门；有的冬天照样有冰食，同时又卖热货。

寺贝通津与庙前直街交界处20世纪50年代曾有一间店叫作发记的西餐厅。庙前直街则有牛奶公司及甄沾记椰子糖市场部。这些在市内其他地区是较少有的。

三、鞋屐演义

东山老居民，以归国华侨及知识分子居多，皆属斯文中人，身上浆烫衣服，脚上丝袜革履，那是标配；然而回到家中，碰上岭南的湿热天气，那就需要宽衣解带，光脚纳凉，这时候，一双精致的木屐便是居家恩物了。

20世纪50年代，龟岗大马路上一字排开数间屐铺，天天生意滔滔，财源广进，锤屐钉的“叮叮”之声不绝于耳。今日的东山人很难想象龟岗屐铺当时是何等的琳琅满目、多姿多彩。木屐种类之多，今人无法想象。最简单的白木黑皮素屐并非主流，更多人选购的是五颜六色的花屐。男装屐较薄，称为平踭屐，木面上涂上鹅黄、米黄、咖啡、杏灰、深黑等各种颜色，再上一层光油。有些为净色，有些却绘上图案花纹，林林总总，式样繁多。女装屐则多为高踭屐，色泽更多，画面更丰富，山水、人物、花草树木、亭台楼阁均会出现在屐面上，叫人看了眼花缭乱，目不暇接。童装屐则称作冬瓜屐，屐身肥胖，稚拙可爱，饰之以卡通人物，博尽孩子们的欢心。木屐的产地不同，所用木料材质不同，造屐匠人手艺不同，花款装饰亦不尽相同。这往往让顾客陷于选择困难当中，不过店家通常十分耐心，一边百拣不烦，一边还做介绍推荐，帮助顾客做出审美决断。价格当然也是顾客需要考虑的重要因素之一，但由于选择性大，丰俭由人，总有一款与顾客的预算恰好匹配。

相中了屐身，第二步便是挑选屐皮，而屐皮亦是五花八门，种类多多。从材料上分，有橡胶的、皮革的、帆布的、塑料的、织锦的，等等；从外形上看，有透明的、实心的、彩绘的、印花的、条纹的，等等；从功能上讲，有防水的、防晒的、吸汗的、富于弹性的、适于室内穿着的，等等。

屐身与屐皮均做出选择之后，店员就开始为顾客钉屐，所用的屐钉身子不长，倒三角形身材，很容易穿过屐皮嵌入屐身。有些顾客仍不放心，会顺便买下一些备用屐皮与屐钉，这样即使是屐皮断了，还可以自己动手换上新皮继续使用。

20世纪50年代，东山不少人也穿木屐出街，尤以雨天为多，这样既不怕雨淋，又可避免鞋子在水中泡烂，也不怕赤足令脚底板受伤。少女们还能趁此机会展示她们的靓屐美足，有时她们会特意高抬脚步以引人注目。为了防滑及更为耐用，有的人喜欢在买屐时在屐底钉上一块车轮胶，如此亦可免去走路时的撞击声。男孩子们中意干的一件事，是自己在屐底打上钢质鞋码，甚至直接钉上铁钉子，这样晚上在柏油马路上操起正步时，足下便火花四射，活像踩风火轮的哪吒了。

20世纪60年代初，塑料凉鞋问世，由于穿着方便，价格便宜，又容易清洗，正好符合当时反对奢华崇尚朴素的社会风气，以及大量砍树导致木料短缺的社会现实。于是木屐开始走向没落，龟岗屐铺也陆续寿终正寝，退出了历史舞台。东山龟岗亦曾有皮鞋店，而中山四路的大学鞋店更是闻名遐迩，有口皆碑。东山在民国时期便已有人设立胶鞋厂，制造橡胶的运动鞋及劳保鞋了。但在20世纪60年代，一般人生活水平不高，中小学生上学时打赤脚不在少数，因此鞋铺生意不算太火。

四、延医问药

东山向来医院较多，其他区域的市民时常会来这里看病。20世纪50年代，在中山路上由东向西，分别有空军医院、邝磐石医院（后改为东山区人民医院）、中山一院、省人民医院四家，加上农林下路的铁路医院及庙前西街的两广浸信会医院（后改为海军医院）两家，区区一个小东山就六大正规医院。如果扩展到大东山，还有市传染病医院和市肺结核病院。不过那个时候市民若不是大病，是不会往大医院里跑的，因为还有一些私家诊所（后合并成联合诊所）为他们提供近便悉心的医疗服务。光在东山庙就有品字形三间诊所：东山公园后的杜兆基诊所、署前二街口的冼星朝诊所以及庙前西街口的潘作翰与赵年金（夫妇）诊所。冼星朝系近郊冼村人，毕业于光华医学院，不少冼村乡亲都过来帮衬过。杜兆基毕业于中大医学院，潘赵则毕业于岭大医学院。东山庙一带的街坊自会分别选择他们之中一人作为自己的家庭医生，双方建立起一种亦医亦友的关系，半夜三更去求诊也没问题。我家主要光顾冼医生，因先父与冼医生私人关系甚好，时不时两对夫妇会一起出外看戏食饭。潘医生曾经为我就读的东区八小提供上门接种卡介苗的服务，与小同学有说有笑，我发觉他非常友善幽默。他的女儿潘仁惠、潘恩惠都是我的同学。周志求医生诊所开在永汉路（现北京路），但家住东山松岗东，是我们的街坊。我们有时发现紧急情况，也会就近去麻烦她，她非常乐意提供帮助。记得有一年我患扁桃腺炎，天天晚上都在她下班后去她府上注射盘尼西林，注射费是不收的。

东山也有口碑甚佳的中医师，最有名的当数东华东的董惠民与庙前西的陈钜昌。我八岁出麻疹就去找董医师诊治，记得那时他已九十高龄，银须飘拂，和蔼可亲。我服了他几剂药，不久就痊愈了。十几岁时我脸上开始长暗疮，且有一发不可收拾之势，先父领我去找陈钜昌医师，他对我大笑道："这是青春期的标志，不必介意，不必介怀！"陈医师的爽朗笑声让我顾虑全消，至今这笑声仍不时出现在我的耳边。东华西的中医针灸门诊部不但在东山区，在全市都享有盛誉。各种针具、各种手法、各种综合治疗解除了许多患者的痛苦，因此声名远播，港澳人士及海外侨胞均有远道前来求医的。负责人李文达医师，医德医术均好，更是深得众望，有口皆碑。

东山的西药房及中药铺不少，龟岗、东华路、寺贝底都有。许多人得了小毛病便自己去买药治疗，因为省时省事省钱。药店职员会主动介绍一些药物（包括成药及方剂），有的还提供煎药服务。有些药材铺还有自学成才的中医，为顾客免费把脉施诊。我的中学同学李锐坚便是其中一员。那时药材铺喜用玉扣纸包药，以水草包扎，每剂药还免费附赠送口果，如山楂饼、嘉应子等，散发出浓浓的人情味。我们这些小孩子甚至会因为垂涎这些送口果而屡屡请求父母改看中医哩。

五、娱乐消遣

20世纪50年代，市民最重要又最为喜欢的娱乐活动便是看电影。当时东山并无正式的电影院，但署前路铁路工人文化宫、达道路广州军区礼堂及培正路派出所侧边的空地一般在周末都会放映电影。铁路工人文化宫及广州军区礼堂均向社会开放。铁路工人文化宫的票价分路内路外，如前座、路内一角，路外一角五分，其余座位都是路外贵五分钱；军区礼堂好像只有一种票价，军人免费，露天电影只收五分钱。由于市内电影院放映的电影选择较多，我当时就读的三十中（后称广师附中，现七中）学生会每个周末都代售新华、新星、永汉等电影院的票。那

20世纪50年代培正路派出所隔壁是一个露天电影放映场（资料图片）

东山电影院旧照（资料图片）

时的电影院不设观众划位，但随票附送“戏桥”，即所观看的影片的剧情梗概，称为“本事”。

20世纪60年代初，执信南路口对面的东山电影院正式开业，该院由于资金不足，建建停停，据说最后还是得到广州军区鼎力相助，才于1961年建成开放。该院为宽银幕电影院，不过银幕的尺寸比新华电影院小很多，而且材质也不一样（新华的银幕据说是塑料的，而不是布质的）。东山电影院虽然能放映宽银幕电影，但没有立体声效果，与在新华电影院观影视听享受不大一样（新华是用苏联进口设备，由苏联专家设计影音装置，当时算是十分先进）。20世纪60年代末，东华西的延安影剧场也开始放电影，20世纪70年代又添加了农林下路的农林礼堂，这样东山市民看电影就方便多了。值得一提的是，新河浦省委礼堂及法政路市委礼堂时不时有内部电影上映，有时通过同学、朋友关系可要到票子，就能去开开眼界了。

20世纪50年代广州军区（现称南部战区）礼堂在周末曾作为影剧场向社会开放（陈梦醒摄）

20世纪50年代，电影院是苏联片的天下，其他社会主义国家的影片数量不多。记忆中看过的苏联影片有：《斯大林格勒大血战》《攻克柏林》《勇敢的人》《夏伯阳》《保卫察里津》《易北河会师》《钦差大臣》等。看过的其他社会主义国家影片有：《台尔曼传》、《冷酷的心》（东德），《魔鬼集团》、《第一课》（保加利亚），《斯特凡大公》、《多瑙河之波》（罗马尼亚），《华沙美人鱼》、《肖邦的青年时代》（波兰），《牧鹅少年马季》、《十月》（匈牙利），《好兵帅克》、《圣彼得的伞》（捷克斯洛伐克），《海岸风雷》、《他们也在战斗》（阿尔巴尼亚），《当机立断》、《桥》（南斯拉夫），《卖花姑娘》、《分开怎能活下去》（朝鲜）等等。

其他国家的电影也时不时可以看到。那时候流行搞电影周，如亚洲电影周、印度电影周、日本电影周、意大利电影周、法国电影周等。记得以下这些电影当时受到热捧，我本人也是记忆犹新：《流浪者》、《暴风雨》（印度），《叛逆》（巴基斯坦），《邻居》（伊拉克），《我们美好的日子》（埃及），《廿四只眼睛》、《箱根风云录》（日本），《偷自行车的人》、《不设防的城市》（意大利），《勇士的奇遇》、《被侮辱与被迫害的人》（法国），《雾都孤儿》、《孤星血泪》（英国），《雅辛托叔叔》、《马歇尔欢迎你》（西班牙），《北海运输线》（挪威），《小岛奇闻》（丹麦），《生的权利》（墨西哥），《科隆上尉》、《古堡幽灵》（民主德国），《冰上的梦》（奥地利），《社会中坚》（美国）。东山电影院曾开展有奖影评活动，鼓励观众投稿，一经录用，便奖励电影票两张，笔者亦曾经参与，乐在其中。

内地电影方面至今不忘的有：《海魂》（赵丹、王丹凤主演）、《女篮5号》（刘琼、秦怡主演）、《林则徐》（赵丹主演）、《林家铺子》（魏鹤龄主演）、《英雄虎胆》（于洋、王晓棠主演）、《七十二家房客》（文觉非、谭玉真主演）、《羊城暗哨》、《南海潮》等等。20世纪50年代还重映过一批民国影片，称为“五四以来优秀电影”，我看过的有《十字街头》《马路天使》《夜半歌声》《桃李劫》《一江春水向东流》等。

香港电影那时也有上映，主要是长城、凤凰、新联等“左”派公司的作品，国粤语对白均有，我看过的有：《绝代佳人》（夏梦主演）、《笑笑笑》（石慧主演）、《垃圾千金》（石慧主演）、《新寡》（夏梦主演）、

20世纪60—70年代东华戏院改名为延安影剧场后的戏票（资料图片）

原东华戏院遗址（雷鸣夏摄）

《中秋月》（韩非主演）、《一板之隔》（陈娟娟主演）、《春》（吴楚帆、张活游、白燕、容小意主演）、《秋》（红线女主演）、《火》（红线女主演）、《第七号司机》（张瑛主演）等，括号中的名字是主演者。广州市民有机会观看更多港产片，因为粤语片在外省是不公映的。

戏剧方面，东华戏院常有粤剧上演。在东山区范围内，还有一家硬件较好的东乐戏院，除上演粤剧，也安排外地来穗的其他地方戏剧团在此演出。铁路工人文化宫演过上海越剧，王文娟、袁雪芳、范雪娟都有登台献艺，我看了其中一出《追鱼》。梅兰芳亦曾在军区礼堂演京戏，有《宇宙锋》《贵妃醉酒》等。当时是一票难求，我没有一睹梅大师风采的运气。铁路工人文化宫也演话剧，我看过儿童剧《马兰花开》，寒暑假时学生观看粤剧有半价优惠。我在东华戏院看过马师曾、红线女、陆云飞、靓少佳、罗品超、陈小茶、郎均玉等大老倌做戏。记得剧目有《柳毅传书》《林冲》《黄飞虎反五关》等。

20世纪50年代末60年代初，广州有一支很受欢迎的小乐队叫作“岭南轻音乐队”，是由原来广州各大舞厅的爵士乐手组成，类似上海和平饭店的老爵士乐队。岭南轻音乐队主要演奏一些外国名歌，节奏轻快，乐韵抒情，很受年轻人追捧。他们多次在铁路文化宫演出，笔者亦曾躬逢其盛。

20世纪50年代末，曾出现过小小的出国旅游热，政府办的国际旅行社号召国人前往苏联、东欧自费旅游，为期一个月左右，费用1000余元起。路线是先往北京集中，乘火车直达莫斯科，再往苏联各大城市及波、匈、捷等国。东山名人杜兆基夫妇、政协委员林启文夫妇（归侨）等参加了这一盛事。但1000元对当时普通市民而言是天文数字，绝对出不起的。不过20世纪50年代中学生寒暑假去港澳游玩倒是不难，只要找到一个愿意接待的港澳亲戚，写好申请书找班主任签字，再上交派出所，领个通行证不算难事。我读中学时，每逢放假，班上总有十个八个同学前往香港澳门游玩。

六、特殊供应

东山归侨侨眷与工商业人士、高级知识分子较多，生活向来富足丰裕。20世纪50年代末出现经济困难及物资短缺，这些人承受能力最差。政府为了照顾他们，采取了几大措施：一是在龟岗开办了华侨特种商品供应商店，凡有侨汇证的人士可在此购物。外边买不到的粮油食品、日用百货、工业制品应有尽有。这样，一来满足了华侨家庭之所需，二来亦为国家吸引了更多宝贵的外汇。我曾用二姑姐的侨汇证买了一辆永久牌自行车，骑在路上吸引了无数羡慕的眼光。二是政府允许每个居民每月可收取一次海外寄来的包裹，重量以两磅为限，所寄物品包括大米、面粉、猪油、腊肉、白糖、干果、面饼、布匹、衣服等。当时署前路邮局常常见到人龙，他们就是接到包裹单后携带户口簿前往收取的居民，由于领取人多，工作人员却少，领取进度慢，故大排长龙，久候多时则是家常便饭。三是向高级知识分子发放特殊供应证，凭证可买高知油、高知肉、高知糖、高知蛋、高知烟，并且可以上馆子打打牙祭。

文苑食品店卖过高级饼，原先卖一角几分的西饼售价达一元以上，多数人只能望饼兴叹。

新河浦涌四季曲

作者：李锐　时间：2017年1月

编者按： 李锐，1954年12月生于东山梅花村，1960年至1966年住新河浦17号二楼，1966年至1980年住新河浦四横路25号，1980年搬到北较场横路。儿时在新河浦抓小生物的情景，常常不期然从他的记忆深处浮现眼前。

新河浦南部原来同珠江是连成一片。那时对开江面上有一个精武水上游艺会，本图显示市民正在进行各种活动（资料图片）

珠江流域幅员辽阔，河汊纵横，水鸟资源丰富，养育一方人士。新河浦——珠江支流中的一条小河汊，蜿蜒曲折地流入大沙头，向东流入当今省委的东门。新河浦流域有很多的埠头，梅花港是当年最大的埠头，瓦窑埠头也是旧时运输的要冲。在那些年岁，公路运输十分困难，运力不大，运输没有保障。世界上的汽车发明在19世纪末，到了20世纪蒸汽机车已经普及，但煤炭同样是紧缺物资。所以，畜力车就成了短途运输的主力工具，船运则是长途运输的鼎力工具了。船运分内河货轮（蒸汽机）和支流货船及代步船类。新河浦涌流入珠江的一段，从前通行支流货船。

冬至，好比一天的子时，人到子夜将迎来三更、拂晓、黎明。同时，冬至又是河汊水浅见底的岁月，河汊静悄悄的，不时有几片黄叶掉落，树上有几只麻雀缩着脖子“叽歪”，水中不时冒上几个气泡，河水寂静得让人感到凄凉。离东门近百米的几张渔网挂网上多了十来片黄干叶片，看来它们也过冬了。再往外，合群路的埠头，每天可见货船落货。这里的河床较深，可以泊十吨货船，船只在埠头边一泊约十天半月的。两条好几米长的跳板，一头搭在船上，另一头搭在阶梯上。抛了锚的船上，可见船尾炊烟袅袅，几个工人从船上挑着货物（如缸瓦、红砖、调味料、大米等）上岸了。另一边，马车在上货，赶车的在座上打呼噜，直到挑夫告知，这车夫才从睡梦中醒来。

小寒时节，南方虽然雨水不多，但天气阴暗。北方冷空气不时南下，带来“南撞北”的零星小雨，空气中的湿度增加了，让南方多了几分清新。大寒到了，这是羊城一年最冷的节气。这时的广州纷飞的雨粉扫到脸上湿冷入骨，水蛇睡得傻了，麻雀、相思鸟安静了，树上的叶子全黄了，河浦两岸几簇灌木尽

今日新河浦涌一景（陈梦醒摄）

台山旅美华侨来信信封一角（资料图片）

入黄巢。雨越下越大，转眼立春了，河汊的水开始涨了！河汊东头的淤泥滋润了，不久之后，淤泥上出现了跳跳鱼。也许，春未至时跳跳鱼已先迎春了。

跳跳鱼特难抓，虽然河床淤泥不深，脚肚的泥会让你又冻又难拔步。虽已穿上两条裤子，还有卫生衣加上百搭补丁的上衣，我还是抵不住寒意，在河中几步后终于上岸洗脚。冻傻了的两条红脚令你一生难忘。

立春花开，雨水来淋。惊蛰春雷，蛙叫春分，清明犁田，香茶谷雨。新河浦涌水满了，在冬季蛰伏的鱼、蛇、鼠、虾出来了；几张网下河了，红眼隼、鲤鱼、鳊鱼、清明虾、蟛蜞仔被一网打尽了。人们可以做清蒸鱼，可以生食蟛蜞仔。将蟛蜞仔洗净，用刀拍烂，加盐后用烧开的油淋上，吃时加姜汁米酒，美味极了！河里的虾也很鲜，靠近东门下虾笼24小时后就有吃的了，因为虾清明时节到上游排卵，这时只要有石头缝就钻进去。这时节一般多为母虾，一肚都是卵，最肥美。所以，清明虾又叫石缝虾，只要有虾笼，虾就自然往里钻了。真是舌尖上的新河浦。啊，太难忘了！

行走龟岗　终生难忘

作者：梁平如
时间：2016年12月　地点：加拿大多伦多

编者按：作者梁平如两岁时从培正东街搬来，在龟岗大马路上行走26年，1981年，28岁的他出国谋生。他说出国后无论身处何方都会关注着龟岗大马路，只要是情况允许他都会回来走走，直至有一天走不动为止。

时至今日，我仍然牵挂着龟岗大马路，有如长久怀念老保姆凤姐一样，因为他们都见证了我长大成人的全过程。

多少年前，东山是一片寂静的住宅区，商业活动多集中在署前路、庙前街及龟岗大马路一带。龟岗大马路有着东山最大的酒楼，最大的肉菜市场，最大的西药房，最大的生果铺，最大的中药店，最大的烧腊店及最大的理发

龟岗一景：左为原八百载烧腊店，右为原华侨商店（陈梦醒摄）

店。广州当时仅有三间华侨商店，其中一间就坐落于此。当然，还有我最喜欢的新华书店。我的家有幸在这大马路边上，生活方便那是不在话下，最精彩的是这里连空气都带有肉味。

天才蒙蒙亮，杂乱的木屐声、拖鞋声夹带着高分贝的台山话，唤醒了还在沉睡的东山龟岗肉菜市场。东山酒家总是最早开门营业的。一大帮台山婆早已在肉档、鱼档、菜档占好头位准备出手入货了，如果发现有人尖队，台山婆则群起而攻之，不管你是否听得懂台山话，都要把你骂到狗血淋头、招架不住。当年这是龟岗市场一景。

台山婆多为从乡下出来的侨眷，没受多少教育，是口硬心软之辈，但她们养育了名满羊城的一代“东山少爷”，这是东山另一景也。

在我很小的时候，龟岗二马路与大马路交会处有一大露天煤场，大约是1956—1958年间建了一幢大建筑，这就是我们熟悉的东山酒家（这饭店建筑年份，是家中老人告知的）。这间酒家坐落于大马路上，南翼是龟岗一马路，北翼是龟岗二马路，从小到大我都在这里出入，以至现在当我面对着这幢重建的漂亮大厦时，我的眼前就浮现出它方方正正的旧模样，闭上眼仿佛又听到了儿时在此嬉闹的喧哗声，如此强烈的记忆连我自己也感到吃惊。其实东山酒家是间苏式建筑物，带着明显20世纪50年代的风格，并不出众；倒是大门阶梯前的两棵大榕树为其增色不少：它们枝叶茂盛，绿树成荫，夏天时分大树下凉风习习，常有人在树下乘凉，摆开棋阵大杀四方。傍晚时分常有一位身材高大且身穿长袍的盲公在此卖南乳花生肉，我试过用剪裁好的白纸冒充一角纸币去试探他，但他手上辨认功夫果然了得，一摸之下便笑嘻嘻对我说：“细路，返去问阿妈攞过一毫纸嚟买！”如今我也老了，每当吃起南乳花生肉都会想起这位可亲的盲公，南乳花生肉也成了我的至爱零食。

东山酒家原只有三层，后为满足广交会来宾及自尼克松访华后日益增多的海外访客之需要，加建了一层叫作贵宾厅。拜海外亲朋之福，我在这里品尝过精致的点心餐，做了几回人上人。在那物质匮乏的年代，我是怎么狂吃还是觉得肚子饿。东山酒家靠龟岗二马路一侧原也是饮早茶的地方，小时候跟着姑丈在这里饮早茶，一早5点就爬起床去霸位，烟气、食物冒着的蒸汽令整个大厅烟雾弥漫，大人们都喜欢蹲在椅子上，你会见到满地的鞋却不见人脚；看报纸最好看完才放手，不然的话一下子已传到了几丈之外的别人手里。这里的男男女女文化水平都不高，可都是纯良可爱的草根阶层，从他们的喜怒哀乐中可准确捉摸到人世间的脉搏，用现在的话来说，就是很接地气的地方。之后这边大厅改为小食部，上午供应的是粥粉面、油炸鬼、面包、蒸包，中午则卖碟头饭。著名艺人红线女的前女婿，即艺人红虹的前夫聂磊经常在此买早餐，他是省体工队专攻五项全能的运动员，以前在二沙头体校常见到他，是一位面目英俊、相貌堂堂的高大运动员。1964年广州刮过一次龙卷风，这股狂风横扫这里时把小食部门前炸油鬼的大油镬以及小卖部的钱箱卷上半空再砸回龟岗二马路口。幸亏此次没伤人，但钱箱里的人民币则满天飘舞。不过那时社会风气良好，市民都自觉收拾散落地面的钱币交回酒家。可惜好景不长，“文革”开始后便世风日下，那个真诚的年代也给历史的风尘吹散了，且一去不返了。

隔着一条龟岗二马路，东山酒家小食部对面，就是这条大马路上最大的生果铺。在这间生果铺诞生以后，原在龟岗四马路口的那间生果铺便退居老二了。当年生果铺装修时我站在那里看了很久，因为师傅们在生果架的背后放置了镜子，令人在视觉上总有琳琅满目的感觉。1964年，郭兴福大练兵[1]后，各行各业也兴起练本领的热潮，我在这店里亲眼见到店员是如何用咸水草扎油瓶，用草绳扎苹果。几个水果扎好后任凭如何蹦跳都不散不掉地，真是高手在民间！我仍然会时不时光顾龟岗四马路那间生果铺，那间铺的咸酸是一绝，用数个大玻璃瓶放置的色彩鲜艳的咸酸一字形摆放在铺面最显眼的地方。这里的咸酸味道好不再讲，我吃了多少年从未食后屙肚，是信得过的产品。在龟岗四马路口还有一间专卖油盐酱醋的铺头，这里的店员个个本领高强，用小竹筒作量杯与勺子之用，将豉油与食油倒入细小的玻璃瓶中，而且是一滴不漏。以前一分钱面豉酱都有交易，那时没有塑料袋，用竹勺子舀少许酱在一小块旧报纸上便可，简单而且环保 。有一次，保姆凤姐叫我去买五柳料，我边行边吃，回家一看只剩几条了，于是气到凤姐七窍生烟。

[1] 1964年，一位名叫郭兴福的解放军军官发明了一种练兵方法，迅速提高了训练水平。

龟岗二马路口对面，有一间烧腊铺名叫八百载，专营广府烧味及沧州腊味，你听它的名字就知道其来头不小，是盛名已久的烧腊铺。在加拿大每每见到白种、黑种胖妇庞大的臀部，就自然而然想起八百载斩烧腊的厚实的大砧板。我觉得这里最好吃的是叉烧，肥瘦适中，颜色夺目，一口咬下去酱汁四溅，口齿留香，妙不可言。那时候我经常站在斩烧腊的玻璃房外面看师傅斩叉烧、斩烧肉，看着师傅沾满烧腊酱汁的双手，心想：这双手加些豉油就可以送一碗白饭了。你只要行近八百载，就能闻到香味四溢的烧腊味，真是连神仙都站不稳呀！

八百载南边，即东山酒家正对面，是一幢秀气的狭长两层建筑物，地面一层就是大名鼎鼎的东山华侨商店，二楼自20世纪50年代末至70年代末前是穗东高级理发店。这两个商号有点生人勿近的味道——华侨商店是凭侨汇证买紧俏的百货及配给的副食品，只认侨汇不认人；而楼上穗东则是认钱不认人，理发、电发收费非常贵，一般收入的家庭是消费不起的。华侨商店的铺面虽是临街而立，但向后缩了两米多才是营业的地方，故形成与整幢建筑物一般长的骑楼，从东湖方向经常吹来一阵阵凉爽的穿堂风。夏季时很多老人家带着孙子孙女在此纳凉、玩耍。人们很多时候带着羡慕的眼神，望着店铺里琳琅满目的商品，却很少任由小孩跑进店铺内追逐喧哗，这就是当年的社会风气——守规矩，自律（指的是20世纪50年代直至20世纪70年代末前）。母亲是穗东理发店的常客，她常找穗东的一位张姓理发师做头，我很乐意跟着母亲上穗东，因这里有整套的《三国演义》《岳飞传》《水浒传》等公仔书（连环画）供免费翻阅，所以母亲去剪发，我去看公仔书，各取所需，各得其所。穗东高级理发店一问世，就显得先天不足，因其经营宗旨与党的教育相违背，与当时艰苦朴素的宣传口径格格不入，“文革”一开始便首当其冲受到批评，之后就风光不再了，而华侨商店却历久不衰。

如果说东山酒家地处龟岗的岗顶，那么用“一夫当关，万夫莫开”来形容龟岗一马路口就再贴切不过了，要爬上几十级陡峭的石阶，两边均是垂直

东山酒家旧照（资料图片）

东山酒家旧址今貌（何志达摄）

的石头墙。在这一马路口有一间东山独一无二乃至全广州都少见的铺子，有卖用来晾衫及起屋搭棚用的长竹。“文革”期间的“文攻武卫”以及后来各街道自发的集体备战之“打劳改犯”，把这里的长竹几乎“抢购”一空，足以见证那噩梦一般的动荡年代。

龟岗一马路对面是间缸瓦铺，我很少帮衬，故印象不深。倒是这缸瓦铺旁边一间个体户九记烧鹅专卖铺令我难以忘怀。“九记”烧鹅色靓皮脆肉滑带着汁的，味道适宜，水准极高，现在回来再寻则已人去楼空，令我遗憾。现存的妙栈与九斤是同期出现的个体烧鹅专卖铺，但本人觉得九记的出品高出一个档次。

大马路与东华东相连转弯处有间小百货文具店，此店貌不惊人，却可能是这条大马路上的元老级店铺了。铺内货物五花八门，你想买什么这里都有得卖，店员多为中年人，干练、醒目且和蔼可亲，是间典型做街坊生意的店铺。

不知什么原因，大马路特别多飞发铺（理发店），当你从东华东转入大马路向北走，右手边第一间就是光东理发店，之后就是穗东理发店。20世纪50年代时龟岗二马路口也有一间飞发铺，20世纪50年代末或60年代初已结业。跟着龟岗三马路口又有一间飞发铺，这间铺须爬好几级阶梯方能进内。最后一间在靠近庙前街1号车总站，位于鞋铺对面，叫作钻石美容院。这众多的飞发铺无论老板或飞发佬（理发师）多为四邑人，而四邑人之中多为台山人。店内入门处多摆有一支或多支用竹筒做的“水烟枪”，客人入铺后拿起水烟枪用衣袖抹下吸烟口，加些水放入烟丝便可腾云驾雾了，一声“骑马过海”的问候语，洋溢着浓烈的四邑乡情。

大马路还有众多的补鞋档，我记得的起码有三档，一档在穗东边上，一档在龟岗五马路对面（五马路又名为食街），第三档在德安路对面，是我最为熟悉的黄伯补鞋档。在我懂事之前，黄伯已在这墙边裂缝前开档营业了，第一代档主黄伯早已乘鹤归西，现在的档主是黄伯的小儿子“补鞋B”。几十年风云变幻，这个补鞋档仍屹立不倒，是这条大马路上的金字招牌铺。他们的补鞋工艺自有过人之处，2009年我曾在这档口上补鞋踭，后经历多伦多零下二十摄氏度到零下二十八摄氏度的考验，现在仍完好无缺。我每次回穗都喜欢坐在档口“吹水”，这里堪称海外人士的情报中心，原住东山的海外游子回穗多来这里报到。我在阿B的档口通过他的热情帮忙找到很多已身在

龟岗大马路上为数不多的骑楼（陈梦醒摄）

海外的东山原住民，也欣喜地在此巧遇很多旧日相识与多年街坊。但当我离开档口游走在大马路上，我就是一个谁都不认识的异乡人，大有“儿童相见不相识，笑问客从何处来”的感觉，这真是太伤我这个老东山的自尊心了。

补鞋档对面是茶叶铺，旁边是中药铺。大约是1962—1963年，有位学长问我敢不敢去药材铺买执药龟，我不知是计，心想药材为何不敢买，便一口答应。当时我一进店铺便大声说道：“唔该，畀两毫纸执药龟。”“丢那妈！我杀咗你个衰仔！”暴跳如雷的店员破口大骂，从柜台后直扑出来，吓得我魂飞魄散，夺门而出，落荒而逃。好在我是学校田径队的，身手敏捷，早已跑到无影无踪，但一连串的广府粗口仍在我身后滚滚而来。学长与几个同学笑到喘不过气来，我才知道给学长耍了。

这大马路从南边东华东三路车总站向北至庙前街的一路车总站，健民西药房就在靠近一路车总站大马路的入口处。孩童时我经常光顾药房，并不是因生病来买药，而是主动伸手讨药吃，拿的是喉片和酵母片。喉片带薄荷味是甜的，像吃糖一样；酵母片据说是开胃的，而且味道很好。西药房的阿姨总是笑眯眯的，从不拒绝，所以我总是觉得西药房的阿姨比药材铺的叔叔和气多了。

大马路另一边就是新华书店，这里主要是卖文学书、教科书、工具书以及某些公仔书；有一分店坐落在庙前直街，是专卖年画及公仔书的。我多在大马路的书店流连，因为进门就找书看，对书店内部结构反而印象不深，约莫记得书店楼层很高，中间是没有柱子的，很多时候阳光从顶直射下来，照得书店大厅亮堂堂的。我看的第一部小说是《苦菜花》，接下来看了《林海雪原》《烈火金刚》《青春之歌》，等等；而更多是看公仔书，但书店是不允许在店内阅读的，故更多时看中那本公仔书，就叫戴姨留起等母亲来付钱。戴姨是著名粤剧艺人白超鸿的前妻，她的小儿子礼诚自幼稚园开始与我就是同学，加之我三叔（父亲的契细佬）也在书店工作，故戴姨一直待我好好。因经常买公仔书的关系，我母亲也结识了戴姨，2006年，署小师生聚会我打电话给礼诚邀他回穗，曾在电话中与戴姨交谈了几句，她的声线一点都没变。只不过这一晃又几十年过去了，唯有一声叹息：岁月不饶人啊！

龟岗大马路带着浓浓的市井文化气息，我是伴随着市井文化长大的，从未以此为耻。其实高尚文雅的文化也是从市井文化中演绎出来的，市井文化教我心地善良，能同情理解草根阶层的喜怒哀乐，也学会了什么是置之死地而后生。市井深深，深不可测。

我在这龟岗大马路上行走26年了，两岁时从培正东街搬来，至28岁时出国谋生，从幼稚园走入署小，又由署小走入七中、五十七中（现为培正中学），再由学校走上工作岗位，最后途经这龟岗大马路走出了国门。现在无论我身处何方都会关注着龟岗大马路，只要是情况允许我都会回来走走，直至有一天我走不动为止。

这就是庙前直街

作者：梁平如
时间：2011年1月　地点：加拿大多伦多

从龟岗大马路向北走，尽头就是一路车总站的小广场，一路公交车经署前路向北进入中山二路，当你背向署前路小学面对龟岗大马路时，横卧在广场东侧的就是庙前直街了。

这条街一直向东延伸，产生了三个街名：从一路车总站起至前东山区少年之家一段称为庙前直街；从恤孤院路起至前军人冰室处（此冰室现已消失，位置在靠近培正中学东门附近）称为烟墩路；直至广州军区大院门口达道路为止，这一段则称为保安前街。

东山的核心商业区——庙前直街（何志达摄）

庙前直街如同龟岗大马路一样，有着众多的商铺和食肆，如文苑食品店、生果铺、北方馆、理发店等等，全东山的冰室均设在这一小段路上。不同于龟岗大马路系以食肆、理发店为主的商铺，这段路上还有专卖缝纫机（衣车）的商铺，卖油漆颜料的商铺，乐器社，卖收音机、电视机的交电铺，华华照相馆，红蓝文具店，钟表修理铺，银行及令我们这辈人难忘的东山区少年之家。

一、庙前直街的店铺

大号为文苑食品店，坐落于庙前直街和龟岗大马路的东南转角处，与新华书店隔着龟岗大马路遥遥相对，铺里玻璃柜内摆有包点蛋糕，排列整齐的一个个阔口大玻璃瓶内摆满了诱人的饼干和五颜六色的糖果。小时候家里没有给小孩零用钱的习惯，我经常趴在玻璃柜前望着里面的食物吞口水。我想，应不止我一个人会在此流口水，因为玻璃柜上留下了不少小孩的口水印和肮脏的小手印。女孩们则较为矜持，她们会站在铺外咬手巾仔（手帕）。最拶命（要命）的是当新鲜出炉的面包运到，香气四溢，我们这帮小孩无一不流露出为食的表情，恨不得伸手去抓，那可真是既天真又可怜！

文苑老板姓高，新会人，是我的邻居，我称呼他为高伯。高伯个子不高，满口新会音的广州话，白皮肤高鼻梁，待人和蔼可亲。他极为勤奋，经常拿着竹扫把洗刷家中院落，因此他待过的地方总是一尘不染的。他貌不惊人，却养育了几个如花似玉的女儿和相貌英俊的孙儿。文苑公私合营后高伯的生活变得拮据，“文革”期间连仅有的微薄屋租也不能收了，有时要靠变卖家当度日。当日红卫兵来抄家时居然大失所望，因为高伯家太穷了，什么东西也没有。高伯女婿赵医生（铁路医院外科大夫）对街坊说：“高伯是靠着勤奋与节俭才有了文苑这间铺，实在不是剥削得来的。”从小到大，我看着高伯的为人处事，非常相信赵医生说的是事实。

看看现今好些老板有几个钱便趾高气扬、尖酸刻薄，与我所认识的高伯相比，实是云泥之别。不过好人有好报，高伯幼女菲菲一直悉心照顾着老父，让高伯直至103岁高龄才乘鹤仙游。他外孙女嘉露告诉我，高伯走得好安详。

紧挨着文苑铺的是间出售及维修收音机、电视机的商铺。20世纪70年代末，上海生产了一款九英寸的黑白电视机，母亲几经周折才买了一部，家里便顿时热闹起来了。父亲自1949年后就是老运动员，最后在“清理阶级队伍”这场运动中倒下了，他中风导致半身不遂。我们家住在三楼，父亲中风后不能下楼，基本与外界隔绝，这台九英寸电视机就成了父亲的至爱，每天晚饭后像太上皇那样坐在电视机前等待开台。遇到有球赛实况转播时，街坊老友纷纷登门，高峰时大厅挤进近30人，欢呼声、喝彩声震耳欲聋。

可惜好景不长，国产的电视机屏幕质量不过关，很快出现荧光屏发暗。我只好托园林局老友找到这东山交电商店的经理冯慧德帮忙。冯经理是个热心人，先后两次将显像管升压，暂时解决了问题。但过一段时间后最终要换显像管了。那时民间有“新三件宝”的说法，指的是医生、司机、猪肉佬，而我家的三件宝则是“修电视佬、司机、猪肉佬”（因母亲是医生）。我家电视机由显像管开始衍生了很多其他问题，冯经理为修理电视机频繁出入，最后建议我放弃。好在此时可由海外携带进口电视机，我家才得以解困。这段经历令我认识了冯经理，也记住了这间交电商店。

庙前直街一景（吴伟鹏摄）

在东山一带长大的孩子，相信无人不识“红蓝”文具店。紧挨着交电商店的就是一连三间铺面的红蓝文具店，分别售卖各种颜色的厚薄纸皮，各式铅笔、圆珠笔、墨水笔、毛笔、练习簿和纸张。文具店有多少股东我不清楚，但知道其中一位姓吴，家住江岭西，因吴姓老板出身培正中学，为不忘母校，故将培正的红蓝精神冠名其文具店。吴家大仔毕业于外语学院，专攻英语，因不满毕业分配（那时称不服从分配）滞留在家教英文为生，桃李遍东山，我细佬（弟弟）也曾跟他学英文多年。我们20世纪90年代初在纽约重逢，真有隔世之感。吴老师的儿子其时在纽约州的水牛城大学攻读药剂专业，我从吴氏一家看到了红蓝精神从羊城传到了美国。

我上学初期常会去龟岗大马路与东华东转角处的小百货店买文具书簿（因为便宜）；后因要上手工课，非要到红蓝文具店买薄彩色硬纸不可。因为店内各式文具琳琅满目，墨砚也有多种选择，因此我自小学二年级起就常流连此铺。我学写毛笔字时来这里买字帖，算盘也是在红蓝买的。那时的女孩在红蓝买到新款的擦胶、铅笔及笔盒已是很时尚的了。在红蓝铺内买文具要先开单据，然后售货员用衣夹带着单据通过在高空的铁线飞传到收银处。待客人交足钱，收银处盖章后，再将找赎银纸一并用衣夹带回原处，然后客人方能取货。其实这高空输送线路并不高，小孩跳起来也可以捉摸得到，但那时候人们虽然穷，却没有人会动心思去跳起夺钱。我现在仍不时回忆起这线路夹带着银纸和单据飞舞的情景，既赞叹人们的聪明，也为那时纯朴的风气而感动！

隔着庙前直街与交电铺和红蓝文具店相对的铺分别是钟表铺、新华书店和三喜冰室。

我从龟岗大马路步行上署前路小学必经此钟表铺（今年初重游此地，已

庙前直街与庙前西街连接处（陈梦醒摄）

转变成一间西点铺了），铺内有着众多师傅单眼夹着黑色小圆筒的放大镜，聚精会神地在修理钟表，一般我看完热闹便走了。怎知我老友梅国庆在此多望了几眼，便回家动手拆手表，继而无师自通成了修钟表小师傅，连父亲的梅花手表抹油、调校快慢均可交国庆一手操办，效果极佳。只可惜这位如此天才的工匠连同他家的大花园（烟墩路彩园）被淹没在自“文革”以来的滚滚红潮之中。

庙前直街的新华书店原来只卖年画、对联之类，后来大店（龟岗大马路口）将小人书搬来这分店销售，我也随着公仔书的到来移至此铺，记得家中全套的《三国演义》公仔书在此买齐全了。

三喜和中兴两间冰室分别位于龟岗大马路口东西两边的庙前直街上，它们一年起码有八九个月专营冰水、雪条、雪批和雪糕。广州11月左右秋风起，中兴就转为卖炖品和狗肉打边炉，而三喜则是转营水饺、云吞面。我有一位漂亮的女同学当年被分配到三喜冰室工作，昔日的老师和同学每天在店前川流不息，令她极之难为情，冬季时经常躲在烫面的蒸汽烟幕后，羞于见到熟人，因此我也不敢踏足三喜了。

北方饭店是庙前直街上的巨无霸，楼高五层，虽说不能与龟岗大马路上的东山酒家分庭抗礼，却以价廉物美而闻名东山：二分钱一个馒头，三分钱一个花卷，五分钱一个菜肉包（希望价钱无记错），门口还有烙得香喷喷的烧饼卖。清晨6时左右，北方馆门口已排满买早餐的人龙，有钱的华侨家眷、军区大院的军嫂，或是附近的街坊和路过上学的学生，无一不是北方馆的拥趸。花卷、馒头的蒸汽，烧饼的香气及众多的人气，熙熙攘攘至早上8时左右才稍为安静下来。这是旧日庙前直街令人难忘的风情画面。几十年后东山人聚会，北方饭店的花卷、馒头是永远聊不完的话题。一位在印尼出生，长大后回国读书的老侨光学长（侨光中学在1968年改称

庙前直街北方饭店旧址（吴伟鹏摄）

五十七中，后恢复原名培正中学）感叹道："北方馆的馒头、肉包令我终生难忘！"

走进北方馆一楼东面尽头，总见到一位身材高大肥胖的大师傅在和面做馒头，他便是杨师傅，我的邻居，他儿子东圃是我署小的同学。杨师傅出身贫寒，读书不多，幸有一身做馒头、花卷等北方面食的好技艺，北方馆生意兴隆，他功不可没。北方馆老板为着生意稳定送了干股给杨师傅（街坊传闻），这在今天是极其正常的商业运作手法，但那时可不得了，导致杨师傅1949年后成分被定为"资本家"了，为此杨师傅受尽白眼。可问题是杨师傅是北方馆的顶梁柱，没他不行啊。好在杨师傅文化不高，也就没什么想法，反正有工作做有工资发就行。他仍然起早贪黑，勤勤恳恳为大众服务。于是乎一个"资本家"做的馒头、花卷竟满足了千家万户的需求，到如今我还常常想起杨师傅憨厚的笑脸。

一直觉得庙前直街冰室的红豆冰雪糕和北方馆的花卷、馒头是最好吃的，是人间佳品。如今这些店铺已消失了，只能从追忆中寻找它们的芳踪，美好的东西总是令人回味无穷的。

几年前电视剧《暗算》引起了不小的轰动，剧中破解密码时，百多台算盘同时运算的场面非常震撼。我看后总觉得这场面似曾相识，但总想不起在哪见过。朋友为此挖苦道："你的出身有什么可能看到如此机密的场面！"我想：说得也对！可我一直心有不甘。那天步行到北方馆旧址时突然恍然大悟，原来就在北方馆对面曾有一间人民银行，楼高约四五层，顶楼建有像东正教堂的圆尖顶。银行大门平常紧闭，显得很神秘，有同学父亲在这间银行工作，我曾尾随同学父亲进内两三次。记得银行大厅很大，楼面非常高，入内迎面有着很高的柜台，右边有条很宽阔的楼梯。小学生个子矮，高柜台令我看不到里面，走上楼梯几级后才看清楚。就在这大厅里我看见过百多台算盘在同时运算，这大厅很安静，因为运算的叔叔阿姨都戴着深色袖套，不吭一声工作着；这大厅又很嘈杂，因为百多台算盘在运转，珠子互相碰撞的噼啪声响彻大厅，那种紧张工作的场面非常震撼。多少年后我才明白，这些叔叔阿姨原来就是银行的人力计算机。

庙前直街上的旧铺至今仍在营业的恐怕只剩下华华照相馆了，可铺面比以前小了很多。旧日东山人家基本上都会在此店留下自己各个年龄段的形象。我们的全家福照片，同学、街坊上山下乡、毕业分配、出国谋生、批

20世纪40年代，从署前路眺望到庙前直街（资料图片）

准去港，走前都会在此合照留念，互道珍重。很多同学、朋友、街坊步出华华照相馆后，就再也没见过面，消失在茫茫的人海之中了。

现在家中留存的全家福、七中同学毕业相都是在华华拍的。我会经常拿出来观看，这些黑白相片，映照着相中人的沧桑人生，使人感慨着岁月的流逝。当我们这代人渐渐进入暮年之时，华华留给我们的黑白照片显得尤其珍贵。

二、庙前直街的人物

这条街上有几个普通人，不知为何我一直忘不了他们。

在红蓝文具店东侧有间门面很窄的小店，有位阿叔常驻此地以画炭画为生。只见他将相片钉在木板上，坐着小凳子在人行道上作画。他的技艺是无可挑剔的，因画出来的人像与相片几乎是一模一样，连相中人的神态也不走样。小时候，我常站在他身后看他画画，只是不会看太久。因画中人多是已去世的人，气氛有些压抑。

北方馆东侧20世纪60年代后盖了几间新铺，其中有煤铺和泡水馆，煤铺有送煤到家的服务（好像是两毫纸送一次）。常有一位粗手大脚、身体强壮的中年妇女送煤，她的女儿（看上去年纪比我小，大概是1955—1956年出生之人）常跟着母亲帮干活。这对母女把蜂窝煤搬上我家三楼，小女孩干得是满脸通红，气喘吁吁，我家保姆凤姐很可怜她，每次都会给多些钱。凤姐对我说，这女孩好生性。穷人的孩子早当家。如今的小孩能如此体贴父母的话，为人父母的会有多么欣慰啊！

当年行走在这条大街上常见一神奇的光头老人，光着上身，穿一条牛头裤，永远身背布袋，戴着金丝眼镜，总是边走边笑边唱歌，从寺贝通津走下来。我们一班小童见到他总会围着他，摸着他滑溜溜的光头，缠着他讲故事。光头老人也不动气，笑眯眯地嘱咐我们要好好念书。他身上总是散发一种味道，有一次我问他是什么味时，他告诉我，这是硫黄味，用来避蛇虫鼠蚁的。他的布袋里常有几本厚厚的外文书，光头老人虽行为怪僻，但看得出他是个很有教养的人。自“文革”开始后就再也见不到他了。至今我仍不知道他姓甚名谁。认识他真是缘分，我一直好怀念他。

旧庙前直街的人和事已渐行渐远，可当我再次行走在这面目全非的街上，看到的还是以前的东西，心里想的还是往日的人和事，这昔日的一切挥之不去了！

三、庙前直街的学府

沿着庙前直街东行，过了间生果铺后就是东山区少年之家（门牌是庙前直街1号）。少年之家大门正对着的是寺贝通津，少年之家围墙东南角就是恤孤院路，路的另外一边是保安街小学（现复名培正小学）。该校对面是广州市第七中学（校园前身是培道女中，而培正中学1953年改名广州市第七中学后于1958年搬到这里和培道女中改名后的广州市第三十中学合并称作广州师范学院附属中学，1962年又复名广州市第七中学），几十米外的培正路上的培正中学校园在20世纪60年代时易名为私立侨光中学（后改五十七中，再复名培正中学）。这三间均是百年老校，加上寺贝通津小学和署前路小学（寺贝通津小学现改为七中初中部），现被广州地产界称为“名校学区”。这里还曾经有过一间小学称烟墩路小学，现已关闭。

20世纪90年代的东山一路车总站（资料图片）

仲夏之夜，当你漫步到少年之家一带时，不同于由一路车总站至生果铺这一段繁华喧闹商业味浓的庙前直街，深幽宁静的气氛扑面而来，然后藏进少年之家。保安街小学操场的蟋蟀、青蛙纷纷在夜空中放声高歌，七中校园里的萤火虫也不甘寂寞，争先恐后地在半空中翩翩起舞，夜归鸟不时地呼唤着同伴，飞返筑在侨光中学校园内大树的鸟巢。闪闪的灯光将款式各异的东山洋楼轮廓勾画出来，远处不时飘来莫扎特练习曲的钢琴声和悠扬的舒伯特小夜曲的小提琴声，有如缓缓流淌的叮咚泉水在轻轻地拍打着星光万里下仍未入睡的东山。如果说这世上有岁月甘泉的话，这些就是旧日东山岁月的甘泉之声，是多么令人神往和依依不舍啊！

东山区少年之家由前培正小学高小部校园改造而成，内设众多的科技、娱乐的综合兴趣学习小组，分别有无线电、模型（分航空、航海）、话剧、舞蹈（分民族及芭蕾舞）、棋艺（中国象棋和国际象棋）、歌咏、绘画等，是四周各学校同学的重要的课外活动中心，培养和造就了一代又一代人。很多人在这里筑梦，将兴趣化为个人事业，并为之耕耘终生。

以前的少年之家总是大门常开，顾名思义是少儿的家嘛，四周的学生在这里进进出出，从没有门卫要检查身份证。进大门有浅浅的斜坡，一个不太标准的七人足球场东西向横卧在少年之家中央，1965年我们署小乙组校队在这里以3∶2击败了大沙头小学校队，夺得东山区乙组足球冠军，我们的教头杨老师激动得紧紧拥抱我们。杜老师是常驻少年之家的总管，他瘦削，矮个子，人很精干，烟瘾好大，每次看见他时他手里总是拿着一支点着的香烟。他好像是兼教无线电的，以前有什么困难都找他解决，杜老师是我们在少年之家的孩子王。

2017年春节期间，我两次到此地一游，均大门紧锁，不得入内。站在这陌生又熟悉的地段，我的思绪早已越过紧闭的大门，在往事的大海里浮沉，视线也模糊了……

一位矮胖的中年妇女骑着她的28寸女装莱利单车走了进来，厚嘴唇，皮肤偏黑，蓬松的头发已见白丝，看上去像位东南亚土著，风风火火，人未到笑声先至，这是张小梅老师。

张小梅？这名字恐怕你会陌生，但如果我说她就是绰号“肥婆张”的芭蕾舞老师，你一定会说这名字如雷贯耳。张老师是印尼华侨，新中国成立初期从爪哇岛回国，在烟墩路幼儿园任职，在少年之家教芭蕾舞只是副职。我知道舞蹈班的同学都怕她，因为肥婆张很严格，跳得不好要打屁屁（打屁股），但想学跳舞还是要跟着她，严师出高徒嘛！当年华南歌舞团（后为广东省歌舞团）台柱夏嘉音就是从“肥婆张”的舞蹈班走出去的。母亲和张老师是老友，一天张老师来串门，正好堂妹从香港回来，她学芭蕾舞，却苦恼于如何劈一字髀，只见张老师笑嘻嘻叫堂妹原地转身，突然一脚踢向堂妹支撑的左脚，同时双手压下，堂妹实时做了一个漂亮利落的一字髀，众人齐声喝彩！张老师咧开厚嘴唇露出了招牌笑容，让人如沐春风，此时我觉得她一点也不凶。

有位女老师手拿着雨伞，正领着一对儿女回家。定睛一看，原来这位人到中年的女教员是我署小的班主任谭慧兰老师。谭老师原执教于保安街小学，20世纪60年代初调往署前路小学教语文兼做班主任。谭老师个子矮小，面容严肃，不苟言笑，嘴角边线条清晰勾勒出她坚强的个性，声音不高但充满威严，初见面时是让人有些敬畏。谭老师兢兢业业，教书育人两不误，“文革”前夕的1966年我们班被评为市四好中队，谭老师居头功。“文革”期间她被打入“牛栏”，受尽折磨。谭老师忍辱负重，苦尽甘来，96岁才告别人世，尽显中国女教师的坚强和不屈不挠。

又是一位女教师沿着七中的围墙低着头慢慢地走过来了，她是七中的李洁明老师。其实我在七中前后只有十个月左右，先是陈思智老师，哪料不到两个月陈老师就“靠边站”了，不久李老师接手我们班。那时她住在烟墩路上一间外墙是意大利批荡的小洋房，有棵鸡蛋花树越墙而出，非常优雅。这时李老师刚“解放”出来，属于“有条件使用的教师”。李老师皮肤白皙，脸上有浅浅的雀斑，一表斯文。1968—1969年时的七中校园，人人自危。李老师惊魂未定，一有什么风吹草动，脸上必露慌张神色，眼球四转总想找到答案，却又不敢与别人目光相碰。我曾与李老师的儿子有过一段交情，我很想替李老师分担一些重负但又无能为力。李老师惊恐的表情一直深深印在我的记忆档案中，至今难忘，但愿这种黑暗的日子永不回头。多年后，李老师家人告知我，李老师后来被调离到边远地区，直至粉碎“四人帮”后才重回七中，看来当年李老师的担心是有根据的。

电影《风暴律师》中有这样一个镜头，当工会成立时，施洋律师兴奋地指挥着管乐队，戴黑框眼镜，佩白色长围巾，热情洋溢，手舞足蹈。我常常把七中梅刚毅老师和电影中施洋律师这两人混淆不清。梅老师是七中的名片，“文革”前，但凡有游行，必是梅老师率领着七中管乐队的大将们威风凛凛地走在队伍前面。1968年梅老师刚“解放”，马上回七中乐队（可能时间有误）。我当然希望加入乐队，又是该死的出身问题，使我只能望音乐大门而兴叹。后来梅老师任广州市中学管乐队总指挥，有趣的是，一个“资产阶级”的音乐老师指挥着“无产阶级”接班人吹奏的乐队，却是那么的配合默契，看不出有什么阶级界限，倒是乐队奏出的音乐令人陶醉。

还记得七中的李葆檀老先生吗？1968年入七中时，我母亲郑重其事地对我说：“在七中如果见到李老师一定要尊敬他。”我不解地问为什么，母亲答道：“因为李葆檀老师是我在香港培正读中学时的老师，按辈分应该是你的‘师公’。”可惜我在七中时间太短了，没有机会受教于李老先生。李老师终身未娶，常常拿着暖水瓶去庙前直街泡水馆打开水，碰见他我必恭敬地叫声李老师，李老师抬起他暗红的潮州柑面孔，笑眯眯的一脸受落。在那“左”风盛行的年代，他总是穿戴整齐，衣冠楚楚，皮鞋擦得锃亮，仪表堂堂，名校老教师的派头和风度从不掩饰。

说起学校名片，把郑希洛老师比作侨光中学名片，他是当之无愧的。他有两重身份：足球国家一级裁判和学校体育老师。看，这不是他吗？踱着方步背着手沿着保安街小学的围墙慢慢走回家（家住侨光校园内教师宿舍），而他两个天真烂漫的儿子在他身后追逐打闹着，郑老师漂亮的太太（保安街小学老师）走在最后。1970年学校恢复体育课和田径比赛，郑老师和一班体育老师站在一旁观看成绩后，皱着眉头不断叹气，那种恨铁不成钢的痛心，殷切希望学校田径及其他体育活动尽快走上正轨的心情溢于言表。

谢维真老师是我五十七中时的班主任兼英文教师，谢老师是北京人，来广东居住几十年了还是不会讲广州话，始终操一口字正腔圆的普通话。她是燕京大学培养出来的人，在当时是不受重用的老师，但这丝毫不影响她对学生的爱和责任心。自“文革”以来校园内“唯成分论”甚嚣尘上，但谢老师从不以成分来划分学生的好坏。在她眼里，每个学生不管资质与出身如何都应受到同样的教育，我有幸遇上了好老师，受益不浅。

那时候同学们一直猜测谢老师能读上燕京大学，一定是北京大户人家出身。几十年后谢老师的女儿告诉我，谢老师出身基督世家，她从小沐浴神恩，后在北京的教会学校慕真中学受教育，全凭自身努力考上中国名牌学府。谢老师曾不无骄傲地告诉我，她在燕京大学读书时，校长就是大名鼎鼎的司徒雷登先生。谢老师是基督信徒，已回归到天父的怀抱。

20世纪50年代末至60年代初，印尼排华，大批归侨学生回国后就读于侨光中学，每逢下午放学时分，几十部莱利、客家路、三支枪单车伴随着铃声与笑声从培正路的急转弯斜坡直冲下庙前直街，犹如一股洪流，行人纷纷躲避。现在我似乎仍能听到侨生讲的“印尼普通话”，仿佛仍能闻到他们身上散发出来的浓烈香水味（古龙水味）。

“唔该，阿伯！”

回头一看，学校放学了，一个学生姑娘站在我身后，原来我挡道了。

“哦，对唔住。”我也忘了我站在这里有多久了。望着成群结队放学的男女学子，我们当年何曾不是像他们这样背着书包上学下课，那时候从来没想过我们也有变老的一天；老师们也正是风华正茂，处于做事业的黄金时代。岁月无情，时光流逝，我们各人都已走到人生的夕阳时分了，多少有点感慨和唏嘘，唯一值得欣慰的是，我们见证了历史。

刚才那个小姑娘叫我做“阿伯”，而不是“公公”，证明了看上去我不算很老，想到这里，我又偷偷地乐了。

这就是庙前直街！我心中永远的庙前直街！

其实，不管我们年纪多大，走到多远，这条街永远都是我们记忆里的金子，心灵中的良伴。

有谁记得东风中学

作者：雷鸣夏　时间：2019年5月

在20世纪50年代中期，东山寺贝通津有两间中学，一间是大名鼎鼎的市女二中 / 三十中（原培道中学），另外一间是东风中学。

那时有一句流行的口号，叫作“东风压倒西风，敌人一概烂下去，我们一天天好起来”。估计东风中学校名就是来自这个口号，但也有另一个可能是取意于唐诗。白居易《有木诗八首》中有这样的诗句：“枝弱不胜雪，势高常惧风。雪压低还举，风吹西复东。”这些都是笔者的猜测，因当事人全已作古，无法查证，作为一个历史谜团，留作茶余饭后的谈资好了。

东风中学旧址今貌（陈梦夏摄）

东风中学校舍是租用培正中学元老杨元勋先生遗孀的物业。这是一座两层半的带有拱券回廊的地中海式大洋楼，是之前杨师太租给私立群庆小学 / 东区第八小用作校舍的，1956年东区八小与东区二小合并之后，搬走了。

寺贝通津小学搬迁到原慕光瞽目学校的校园中去，此校址便空了出来，正好东风中学可以接棒，继续租用。东风中学结束后，曾用作东山区武装部，20世纪70年代曾用作培训越南干部的场所，住过一批越南青年。现已面目全非：原来的洋楼及周围的空地，包括一座小礼堂及一间平房课室，均已推倒重建，成为一座大楼了。这当然是后话。

现在的东山居民，即便是老人家，也未必记

东风中学创办人雷秀民（雷鸣夏供图）

得这间东风中学了。但于我来说，却是终身的记忆，因为它是先父雷秀民生前一手创办起来的。为了迅速开办东风中学，父亲不辞辛劳，夜以继日，东奔西走，忙前忙后，为学校选址，建设校舍，选拔师资，开拓生源，确保财政而事必躬亲，不去假手他人。开办东风中学之意义，不仅在于它是新中国成立后广州市民办中等学校的先驱，更在于它充分利用了社会上被掩埋雪藏的优秀师资力量，为服务社会、建设国家贡献一份力量，同时又解决了他们失业潦倒、生活困难的问题。这完全符合“调动一切积极因素”的总路线精神。同时，此举又让一些因种种原因未能升上初中、高中的小学及初中毕业生（当时中学学位有限，供不应求）能够得到继续接受教育的机会，可谓一举数得，功德无量。我认为这是先父生前所做过的最有意义的事情之一，这叫作教育救国，与他早年抗日救国，实为殊途同归。

在筹办学校的日子里，父亲天天晚上忙到很晚，有时是开会，有时是接待客人，有时是起草文件。我现在回想起来，估计是统战部授意父亲去做这件事，目的是团结利用在野的旧知识分子。也可能是父亲本人主动请缨，适逢是时政策允许，甚至鼓励，因而一拍即合，顺势而为，那就是时势造英雄了。经过大半年的辛苦努力，东风中学终于成立招生了。校长的姓名我记不清，教导主任我却忘不了，因为他是新中国成立前北京清华大学的高才生，叫王居扑。教员中有不少旧社会的大学毕业生，记得有中山大学出身的张剑琴，勷勤大学出身的陈凯贞，广州大学出身的黄志文等。

东风中学开办之后，父亲很是兴奋，他毕竟早年读过师范，在家乡当过教员和校长，这是他的老本行。当年学校招生十分顺利，除了本地的失学青年，更有一批从印尼、柬埔寨等国家归来的华侨子弟。后者住在学校宿舍，由于离我家仅百米之遥，这些侨生空闲时均常来我家串门，受到父母亲切接待，有时还在我家的院子里排练文艺节目，准备在学校的联欢晚会上公演。我们家那会儿热闹极了，东南亚风情的歌声舞影让我如痴如醉，原本略带阴郁的空气被年轻人的欢乐一扫而光。学校经常借用广州军区的运动场地，举行文艺晚会与球类比赛，父母总是带着我们几姐弟去捧场。由于气氛热烈，亦常常吸引一些部队官兵前来观看。可惜好景不长，东风中学只存活了两三年便被政府收编，改为一间公立的技工学校了。那批旧知识分子仅有少部分人留用，大部分人再度投闲置散，到了“文化大革命”时期就纷纷成了批斗对象，个别人则连性命也保不住。

我那段时间天天和这批人接触，因为他们不间断地到我家来找先父商议及请示有关问题，门铃声不绝于耳，我总是去应门，第一个与他们打照面。出于少年人强烈的好奇心，他们在客厅谈话时，我总喜欢走到花园窗下偷听。除了他们称呼的“雷常委”之外（先父时任东山区政协常委、副秘书长），其他的交谈我其实是听不明白的，但我发觉这些人好似依然存有一些忧郁和恐惧，总在担心事情办不成，或是自身仍会受到歧视与排斥。而先父则反复为他们解释，重申上级的支持，只听父亲老在重复这句话：“唔使怕，我畀个胆你。”

先母伍佩莲也进了东风中学当英语老师。她是教会学校出身，英文底子不错，但民国时期的英文教学并不讲授国际音标，且是流行韦氏音标。新中国成立后有关部门却对国际音标非常重视，必教必学。母亲为掌握国际音标，用了一个暑假去向世交宁大尧先生讨教［宁老师当时在七中（培正）任英语教员，是中山大学外文系科班出身］，终于上手了。后来，她在教授国际音标过程中，为了让学生加深印象，专门制作了音标图，用一方尺半大的纸牌逐一写上一个个音标，然后把学生请到家中的花园里来，每人将音标牌置于胸前，用歌唱音标的形式，训练学生的记忆力，让他们顺利闯过音标这一关。

先父从国外留学回来后，一直带兵，参加抗战并晋升至少将。但他对青年时期教书育人的经历念念不忘。东风中学的创立给了他一个非常好的重操旧业的机会。他身为校董会主席，常常在师生集会中慷慨陈词，对学生充满厚爱，对学校充满信心。这些我都铭刻于心，及至我自己亦为人师表之时，会时常拿来奉为榜样。

昔日东山的商业广告

作者：雷鸣夏　时间：2019年9月

今日见到一批民国时期的东山商业广告，十分欣喜！东山从20世纪之初开始逐步开发，渐入佳境，成果骄人。然而东山向以模范住宅区及优质教育强区著称，商业的发展并非重点。店铺数目、规模、门类均难以与市中心之惠爱路、上下九、西濠口一带相比。即便如此，东山的商户却在营销手法、推广方式上先声夺人，可圈可点。他们制作的广告，就是明证。

昔日东山商业广告，粗略分析一下，至少有以下几个特色：

首先是图文并茂。许多广告均有优美插图，所绘人物栩栩如生（如甄沾记），所绘物件逼真写实。更有用漫画作表现手段的（如合益号），夸张得体，幽默诙谐，令人忍俊不禁，拍案叫绝。

其次是双文单文各得其所，各擅胜场。甄沾记因总行是在香港（时受英国殖民统治），因应华洋杂处的需要，必须中英文并重；东南牛奶公司订户多为华侨海归，中英双文亦是理所当然；美光商店服务对象以知识分子、学校师生居多，使用双文，也算是投其所好了。其他广告宣传对象主要是街坊市民，用全中文，更为亲切与更接地气！

还有就是广告用语简单明了，通俗易懂。有的广告（如牛奶公司）信息量颇大，对产品的营养成分等进行了科普，对消费者是有益的。合益号的广告文字配合漫画，用了一些生动活泼的口语，加上设问的手段，予人深刻印象。

现代广告由西方传入，在当时仍属新鲜事物。东山商人们得风气之先，且能活学活用，结合国情，使之中国化、大众化、本地化，看来做得不错。这些老广告既是历史文献，亦不失为值得欣赏的艺术品，真应怀念与感谢当时的创作人员呢！

旧时甄沾记广告（资料图片）

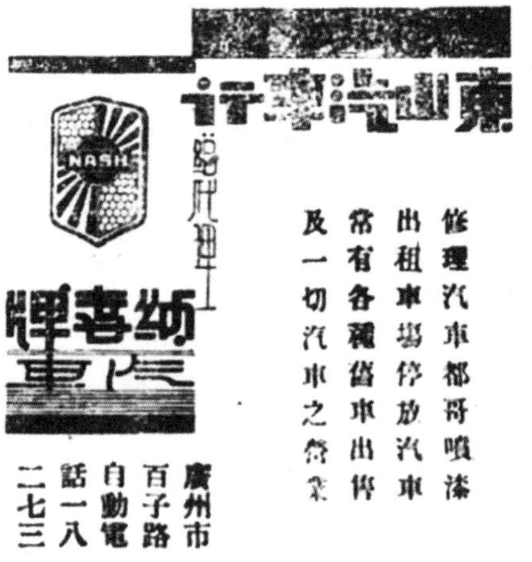

旧时东山商业广告一辑（资料图片）

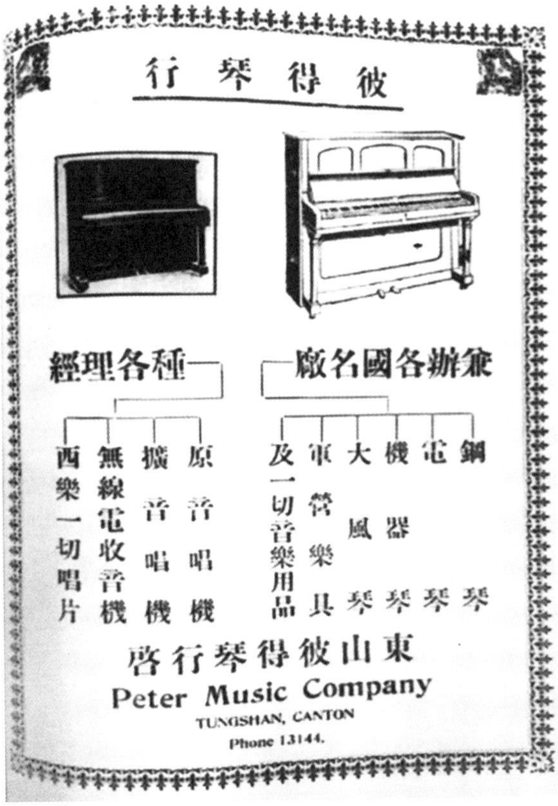

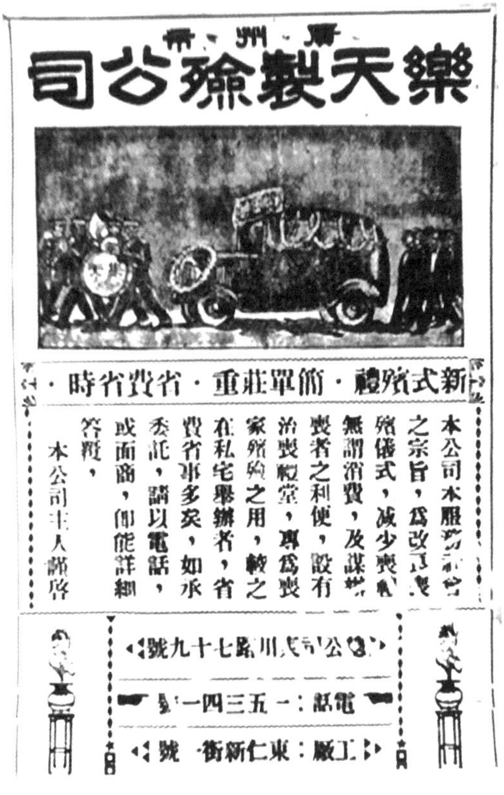

旧时东山商业广告一辑（资料图片）

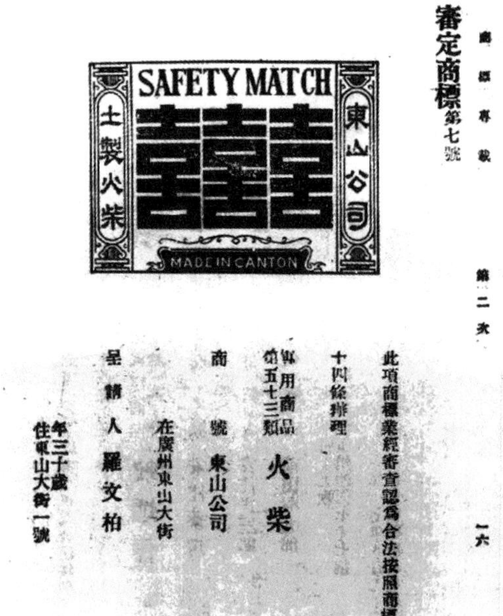

旧时东山商业广告一辑（资料图片）

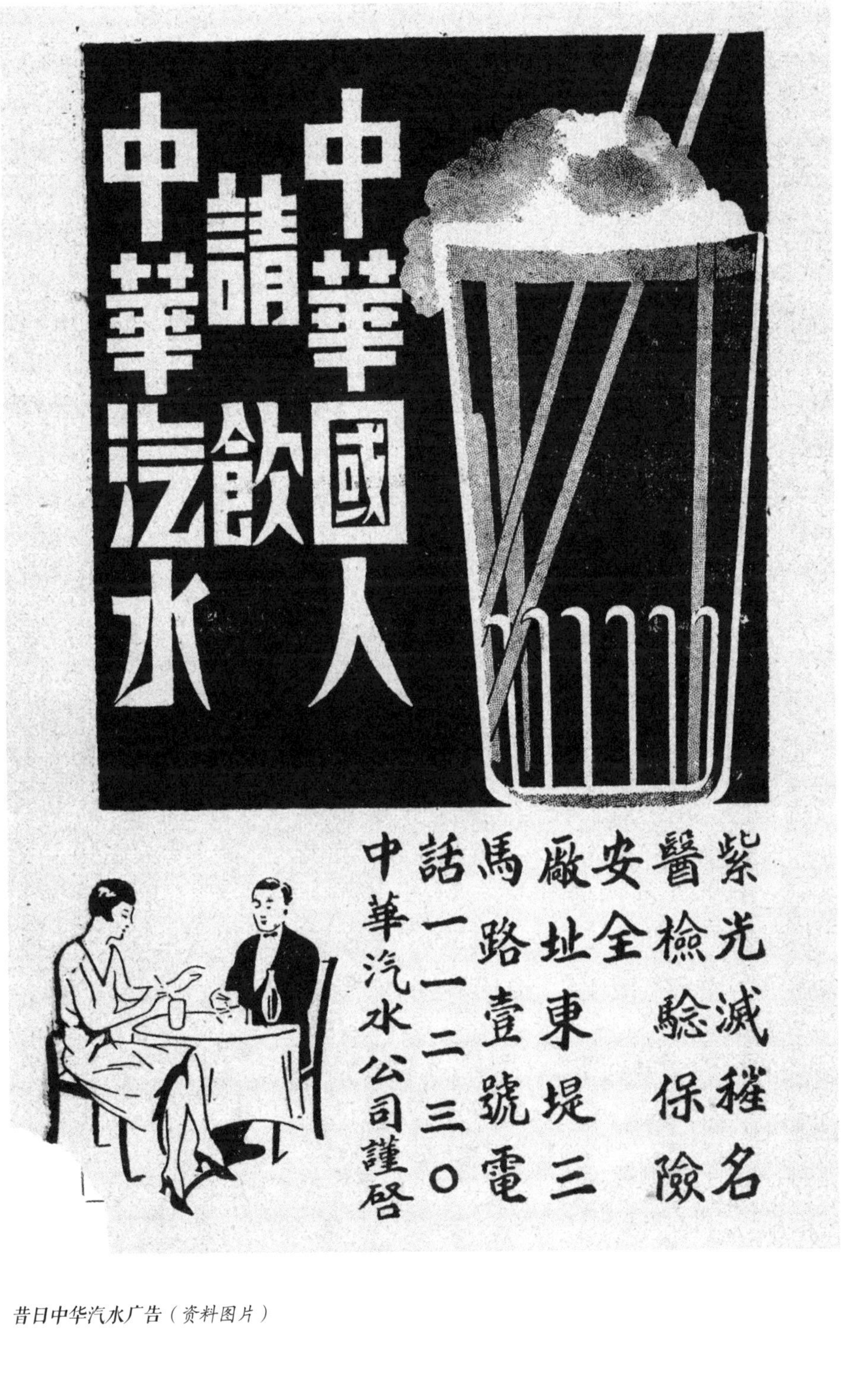

昔日中华汽水广告（资料图片）

大鸡六云吞面

作者：肖振德
时间：2011年1月　地点：美国旧金山

编者按： 本文作者肖振德现居美国，移民前在中山大学附属肿瘤医院工作。肖振德是老东山，长期住在寺贝新街31号，其父肖国藩是广州纺织界老前辈，曾任广州市纺织工业局副局长。

图中居中者即是肖振德。这是他从美国回穗时与小学同学兼老街坊茶聚（雷鸣夏供图）

广州东山一号车总站，一边是袖珍的东山公园，一边是不长的坡道，坡道上去右拐有一条小街，街中心一档云吞面，没铺面、没帐篷，几张桌椅，不大的灶台围着两块过头的玻璃，挡风外，上书招牌——大鸡六云吞面。

我忘不了大鸡六，尽管它几乎是一个甲子前的事。

父母牵着，或哥姐领着，只要走在那道坡，心花就开放。到大鸡六前拣张桌子，拉条板凳坐下，就连空气都弥漫着云吞面的香。

“‘片’三前后——”

伙计写单再拉长声音吆喝，灶台师傅一听赶紧下面、煮云吞。

“片”是云吞面的简称，净云吞叫“绒”，我都耳熟能详。

“片”“绒”，均我所爱。

“片”的感觉是心满意足。云吞和面之间飘荡着几段韭黄，其享受不亚于翻看一本小人书，更何况“片”的面爽脆弹牙。所谓“好嘢唔在多”，五只云吞数量适中，正好解馋。“绒”的感觉让我大呼过瘾。那瘾来自汤中十只黄中透红、拇指大的云吞。黄的是云吞皮，透红的是皮里包的鲜脆虾肉。鲜脆虾肉还配有猪肉、蛋浆，再佐以功不可没的大地鱼粉，如绿叶配红花，这便是瘾。每一口瘾都让我齿颊生香，每一口瘾都让我舒心写意。再添些桌面上任意取食的切成花生米大的酸萝卜到汤里，和汤里的几段韭黄，看在眼里是和云吞共舞，吃在嘴里更是提鲜。我常常要添加几次，唯此种种令我大呼过瘾！

“绒”这美称据说出自唐代诗人白居易《长恨歌》中的“芙蓉如面柳如眉”。芙蓉如面，面如芙蓉，芙蓉的“蓉”就成了云吞的美称。广东人觉得“蓉”的音调抬高一度更好听，于是“绒”就叫到如今了。

大鸡六云吞面的汤也不可小觑。它到底用什么熬制，我不知道。俗话说无鸡不鲜，无鸭不香，无肚不白，无肘不浓，无腿（火腿）不醇，可能是另加的骨头、虾壳、大地鱼干和高手的调制，才共同成就了一碗汤色澄澈、香气扑鼻的云吞面汤。嚼着“片”或“绒”的间隙，啜一口汤，现在说的幸福指数在当时绝对满分。

叫我如何忘却大鸡六云吞面？

附录

APPENDIX

附录一：东山发展大事记

作者：雷鸣夏　时间：2018年5月

1485年（明成化二十一年）　太监韦眷在东山建永泰寺，明宪宗赐名“永泰禅寺”。

1650年（清顺治七年）　总兵班志富重修永泰寺，将前殿分割成“真武庙”，俗称东山庙，从此寺、庙分家。

18世纪　东山庙前大榕树下开始形成农产品交易小市集。

19世纪中叶　西洋传教士罗考全在东石角设立福音堂。

1903年　美南差会在东山购地建筑培道女子学堂新校园。同年两广浸信会开办恤孤院。

1905年　粤省咨议局在东较场对面成立，是为同光新政之作。著名爱国者丘逢甲出任议长。

1908年　培道女子堂由五仙门迁至寺贝通津，入驻红楼与耶德逊堂，学生数十人。美国传教士容懿美出任首位校长，同时美南差会还兴办了神学学堂，学生有100余人。

20世纪初　浸信会中国教友廖德山医生等人集资在东山建筑培正书院，1908年首座校舍建成。海外华侨踊跃捐款，校园不断扩大，建成美洲堂、澳洲堂、古巴堂等，其中一些大楼率先采用竹筋混凝土代替钢筋混凝土。

1911年　美南差会在寺贝通津建起一座红砖平房教堂，稍后改为两层混凝土建筑，可容纳千余人，为广州最大的基督教礼拜堂。

20世纪初　在东山陆续兴办的学校有培坤女子中学、培道女校、慕光瞽目学校及培灵幼稚园。英国圣公会在1912年创办圣三一中学，校址在东华路前鉴街。

1917年 孙中山在农林试验场成立广州军政府，继续开展剔除军阀的斗争。

1915年 华侨黄葵石在龟岗开发房地产。1919年，在东山开发房地产的嘉南堂（嘉南置业公司）成立；1921年，同样性质的南华公司成立。公司创办人分别为张立才与冼锡鸿，均为教会牧师。1922年，嘉南及南华两公司合创嘉华储蓄银行，通过向公司投资开发东山。

1919年 两广浸信会医院创立，张新基医生出地兴建，叶培初医生充首任院长。

1926年 两个浸信会举办安老院，由美国华侨捐资，卢连任院长。

1919年 美国安息日会在三育路建立三育中学，并于1931年创立广东卫生疗养院。

1921年 加拿大天主教无原罪女修会在梅花村设安老院，并在1933年前主持育婴院（在今启明路、均益路一带）。该院前身为清康熙年间官办育婴堂，1913年由法国天主教会接办。

1923年3月2日 孙中山在东山农林试验场成立大元帅府。

1928—1936年 陈济棠治粤，设公馆及警备司令部于东山梅花村。由于陈氏爱梅，下令在该处遍植梅花，故得梅花村之名。

民国时期东山一景（资料图片）

老东山黎民伟的电影摄制队在工作（资料图片）

从1928年起 广州市政府开始在东山马棚岗、松岗东等地推行模范村计划。

从20世纪20年代起 东山先后建成大沙头机场、广九铁路火车站、署前路及东华东路公共汽车总站等交通设施。同期亦有东山水厂、大沙头飞机制造厂、巧明火柴厂、大北毛厂、中华汽水公司、安乐园食品公司、东山汽车公司、友光织布厂等现代工业企业落户东山，提供产品与服务。

从20世纪初开始 东较场从练兵场转型成为开展群众体育运动的重地，省运会多次在此举办，省体育专科学校亦在此兴办。

20世纪20年代 中共三大及国民党一大先后在恤孤院路及文明路举行，两党诸多要人及共产国际代表马林、苏联顾问鲍罗廷等均在新河浦春园居住。

20世纪20年代 德国领事馆与苏联领事馆均选址东山（培正路及百子路）。20世纪二三十年代，东山警署成立于署前路，是其时广州28个区域警署之一。

20世纪20年代 越南青年革命同志会成立于文明路，由胡志明主持，胡志明居东较场附近。

20世纪30年代 培正中学及培道中学北上坪石继续办学，合并成培联中学。

抗战期间 中山大学医学院惨遭日军占领并且被用作细菌战活体实验室，东山房屋大部分被日本人占用，损坏严重。

1945年抗战胜利后 又有不少华侨在东山置业建屋，建筑风格与抗战前有异，开始引入包豪斯及现代主义风格。

20世纪50年代至60年代 先后有中共广东省委、省市中级党校、广州军区、广州铁路局、中共中央中南局等重要机关入驻东山。稍后广东省气象局、广东省冶金厅、广州市化工局、广州电网、广州市防疫站等部门亦选址东山办公。

20世纪50年代中后期 东山先后建成东山湖公园、广州起义烈士陵园、金液池（后称麓湖公园）。连同原有的黄花岗七十二烈士陵园、十九路军烈士墓园等形成一批景色优美的风景区，稍后广州动物园亦从市中心迁至黄花岗对面。

20世纪60年代初 龟岗开办了华侨特种商品供应商店，改善了侨眷的生活。

1961年 东山区作为行政区域正式成立，面积56平方公里，北达先烈路，南至二沙头，东邻杨箕村，西接北京路。面积大于原来的东区和大东区。

20世纪五六十年代 东山商业网点进行调整，出现了新的东山百货商店及省二轻厅门市部、新华书店、东山酒家、北方饭店等大型店铺。

左为最初的云香楼旧照，右为位于东华东路的百年老字号云香楼终于逃不脱结业的命运（资料图片）

20世纪60年代初 东山电影院开业，连同20世纪50年代建成的东华戏院、铁路工人文化宫、广州军区礼堂组成了东山的文艺娱乐活动网络。

20世纪60年代后期 在“文革”期间基督教东山堂、光东堂、赖神会、东石堂均遭关闭，其中东山堂先用于摆放抄家物件，后成为东山区城建局办公场所。

1967年前后 流行打鸡血针，中山一院门诊部挤满了提着公鸡等候注射的人。

20世纪70年代 有若干规模较大的工厂落户东山，较有代表性的是五羊雪糕厂、广东糖果厂及广州钟厂。

1974年 广州火车站从白云路迁出搬至流花桥，东山一带铁轨随之拆卸。

20世纪80年代 东山区在改革开放中率先引进外资，除“三来一补”外，还先后完成了东湖新村、五羊邨等大型住房地产项目以及花园酒店、世贸中心、宜安广场等大型商业项目，面貌为之一新。

20世纪90年代中期 广州第一条地铁开通并投入服务，它贯穿整个东山区，带动了东山的进一步发展。

进入21世纪后 广州更加注重保育历史建筑以及保护集体记忆，老东山继西关之后成为市民和游客关注与喜爱的历史街区。许多晚清及民国建筑开始得到妥善的维修和庇护、活化与翻新，用于开展文化、商业活动。由于其情调高雅，独树一帜，获得不少游人好评。农林下路被改造成为繁华的商业街，东山口的电信大厦高层建筑成了东山新地标（此处为蒋介石故居遗址），对面的东山区人民医院（邝磐石医院）被重建，东山电影院被拆除，东华戏院改建成酒楼。

附录二：东山名人录

作者：雷鸣夏　时间：2018年5月

一、军政领导

1. 毛泽东　中国共产党与中华人民共和国的缔造者，20世纪20年代曾在东山工作及居住。

2. 孙中山　中国民主革命先驱，20世纪初曾在东山农林试验场设立军政府。

3. 陈独秀　中国共产党早期领导人，20世纪20年代在东山出席中共三大。

4. 李大钊　中国共产党早期领导人，20世纪20年代在东山出席中共三大。

5. 刘少奇　曾任中华人民共和国主席，20世纪20年代曾在东山从事工人运动。

6. 宋庆龄　曾任中华人民共和国荣誉主席、副主席。20世纪20年代随丈夫孙中山在东山开展革命活动。

7. 廖仲恺　孙中山重要战友，国民党“左”派。20世纪20年代任革命政府财政部部长时居东山百子路。其子廖承志毕业于培正中学，曾任全国人大常委会副委员长。

8. 何香凝　国民党“左”派，曾任全国人大常委会副委员长。1920年底随丈夫廖仲恺住在东山。

9. 雷洁琼　全国人大原副委员长、全国政协原副主席、北京大学教授、社会学家，年轻时曾在东山的圣希利达女子学校就读。该校系由英国圣公会举办，校址位于现中山二路与东川路交角处。

10. 蒋介石　20世纪20年代任黄埔军校校长时住东山百子路。

11. 谭延闿　国民党元老，20世纪20年代居培正路。

12. 宋子文　曾任国民政府行政院长，故居在东山农林上路。

13. 许世友　解放军著名将领，曾任广州军区司令员，住在东山。

14. 李锦纶　20世纪20年代任培正中学校监，后出任国民政府代理外交部长。

15. 阎锡山　20世纪40年代末任李宗仁政府行政院长，住东山梅花村。

16. 陶　铸　20世纪60年代曾任国务院副总理。赴京工作前一直住在东山达道路。

17. 古应芬　老同盟会员，孙中山最信任、最得力的助手之一。出生于东山寺右村，20世纪30年代曾任国民政府财政部部长。

二、地方官员

1. 陈济棠　20世纪二三十年代广东省的实际统治者，住梅花村。

2. 余汉谋　陈济棠之后的广东省执政者，住保安后街。

3. 孙　科　广州设市后首任市长，住大沙头。

4. 叶剑英　新中国成立后首任广东省省长、广州市市长，曾住农林上路。

5. 黄　洁　20世纪60年代广东省副省长，著名侨商，住在执信南路。

6. 郭棣活　20世纪60年代任广东省副省长，著名实业家，住东山。

7. 王长水　20世纪50年代任广州市副市长，著名侨商，住培正路。

8. 陈安良　20世纪50年代广州市副市长，著名公共卫生专家，住培正路。

9. 梁尚立　20世纪80年代任广州市副市长，后任全国工商联副主席，培正中学校友。

10. 刘锦湘　20世纪90年代任广州市副市长，曾住龟岗及培正路。

11. 魏邦平　民国时期广东省警察厅长，住瓦窑后街，是地方官员东山置业第一人。

12. 蚁美厚　曾任广东省政协副主席，著名侨商，住启明路。

13. 刘明光　曾任广东省航运厅长，住农林下路。

14. 肖国藩　曾任广州市纺织局副局长，住寺贝新街。

三、科技翘楚

1. 陈丕扬　全国知名造纸专家，毕业于美国麻省理工学院，家住寺贝新街。

2. 陈一百　著名数理统计专家，美国康奈尔大学博士，曾任广州师范学院副院长。

3. 陈耀真　眼科专家，中山医学院一级教授。

4. 毛文书　眼科专家，中山医学院一级教授。

5. 陈心陶　寄生虫学家，我国防治血吸虫病功臣，中山医学院教授。

6. 谢志光　肿瘤专家，全国首家肿瘤医院创建人，中山医学院教授。

7. 林剑鹏　妇产科专家，中山医学院教授。

8. 陈国祯　病理学家，中山医学院教授、院长。

9. 朱师晦　留德传染病专家，中山医学院教授。

10. 邝公道　留德骨科专家，中国断足再植第一人，中山医学院教授。

11. 伍景英　留英造船专家，住寺贝通津隅园。

12. 夏昌世　留德建筑专家，华南工学院建筑系主任，家住执信南路。

13. 林克明　著名高级建筑师，曾留学法国，在东山设计了不少洋楼。

14. 罗明燏　毕业于美国麻省理工学院，曾任华南工学院院长，是梅花村陈济棠公馆的设计者。

15. 杨锡宗　著名建筑设计师，是东山马棚岗、竹丝岗住宅区的规划设计者，亦是培正中学美洲堂的设计师。

四、文艺大家

1. 冼星海　大音乐家，曾任培正中学乐队指挥。

2. 马思聪　著名作曲家、演奏家，曾任中央音乐学院院长，培正中学校友。

3. 欧阳山　著名文学家，长篇小说《三家巷》作者，曾住梅花村。

4. 秦　牧　知名散文家，《艺海拾贝》作者，家住启明路。

5. 陈树人　岭南画派第二代大师，曾任广东省代省长，家住署前路。

6. 高奇峰　岭南画派第二代大家，曾住二沙岛。

7. 陈衍宁　国际知名油画家，市十六中校友。

8. 黎民伟　中国电影之父，孙中山纪录片拍摄者，家住东华东路塘螺涌。

9. **白驹荣** 粤剧大老倌，曾住培正路简园。

10. **红线女** 粤剧表演艺术家，曾住培正路及寺贝新街。

11. **罗家宝** 粤剧丑角大家，曾住保安前街。

12. **胡 蝶** 20世纪30年代的电影皇后，培道中学校友。

13. **赵碧旋** 曾获国际大奖的钢琴家，培道中学校友。

14. **白先勇** 国际知名华人小说家，培正小学校友。

15. **何安东** 国际知名华人小说家，培正中学音乐教师，亦是作曲家及小提琴演奏家，他创作的抗日救亡歌曲曾灌录唱片，响遍大江南北。

五、工商巨子

1. **利耀峰** 东山火柴厂创办人，实业家。

2. **杨仙逸** 广东飞机制造厂厂长，飞机设计师。

3. **谈瀛观** 天心制药厂创办人，民营企业家，住恤孤院路。

4. **张立才** 早期开发东山的成功地产商。

5. **黄葵石** 连片开发龟岗的归侨地产商人。

6. **冼锡鸿** 成功地产商人，南华公司创办人，住保安前街。

7. **梅彩迺** 美国华侨巨商，多元化经营，被当地媒体称为“华人中的洛克菲勒”。归国后住烟墩路彩园。

8. **郑亮荫** 泰国第一代工业大王，抗战时曾投身飞虎队执飞驼峰航线。培正中学校友，旧居为署前二街11号。

9. **陈祖沛** 香港著名商人，20世纪50年代回国支援国家建设，居东山。

10. **简磐石** 著名烟草商，经营南洋烟草公司，住培正路简园。

11. **曹冠英** 著名烟草商，曾系华成烟公司华南区负责人，住培正路慎园。

12. **冼子龙** 新亚酒店总经理，曾任驻墨西哥外交官，家住保安前街。

六、学校名师

1. **黄启明** 美国哥伦比亚大学硕士，培正中学校长。

2. **林瑞铭** 燕京大学毕业，培正中学校长。

3. **禤伟灵** 燕京大学毕业，培道中学校长。

4. 陈慕洁　培道中学校长，教育家。

5. 谭沃心　留美博士，神学教育家。

6. 关履权　培正中学教员，后调任华南师范学院历史系主任，宋史专家。

7. 黄铭信　培正中学教员，曾发明自动响闹电铃系统。

8. 马君武　著名教育家，与蔡元培齐名，曾任培桂中学校长。

9. 王　力　著名语言学教授，曾任培桂中学校董会主席及中山大学教授，家住新河浦。

10. 林恩光　老教育家，培正小学校长，获奖无数，享誉社会。

11. 吴馥余　日本东京美术学院毕业，培正中学美术教员，曾出版作品集。

12. 黄君璧　国画家，曾任教培正中学，亦是宋美龄的国画老师。

13. 黄明慧　日本东京帝国大学毕业，华南师范学院教授，是国内最先讲授马克思《资本论》的学者之一，家住农林上路。

14. 浦蛰龙　中山大学教授，著名昆虫家，执信中学校友。

七、娱体英杰

1. 张敬轩　流行歌手，七中毕业，家住培正路。

2. 吴亦凡　歌手兼影视红人，七中校友，家住东山。

3. 梁伯熙　七中毕业，20世纪60年代新兴力量运动会跳水冠军。

4. 陈艾森　跳水世界冠军、奥运冠军，家住东华东路。

5. 傅　红　射箭世界冠军，七中1977届毕业生。

6. 冼碧莹　著名说书人，培正校友。

7. 张悦楷　著名说书人，省话剧团演员。

8. 林兆明　著名说书人，培正校友。

9. 黎　铿　电影童星，话剧演员，朗诵高手，生前住东山。

10. 黎　萱　电视艺员，话剧演员，培道中学校友。

附录三：各种东山称谓的地理范围

作者：雷鸣夏　时间：2018年5月

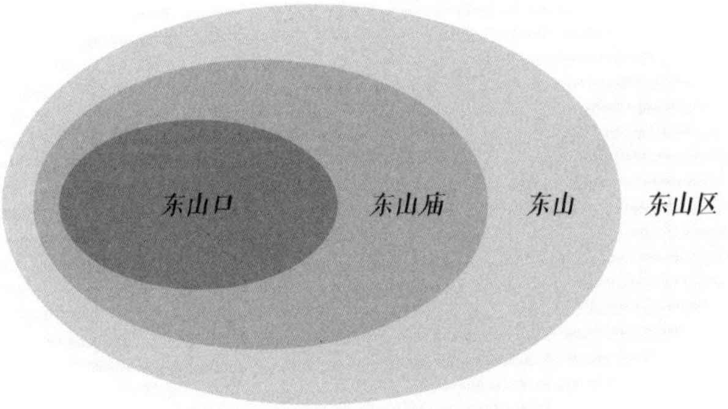

1. 东山口　东山铁路闸口的简称（闸口现已不存）。具体范围大致是以铁路文化宫为圆心，以一百米为半径的一块地方。

2. 东山庙　指古时东山庙（现已不存）附近的东山核心商业区，具体来说就是署前路、龟岗、庙前直街，庙前西街一部分及东华东路一部分。

3. 东山　指旧时东山的主要商业区加主要住宅区，即东山庙加上新河浦、松岗、梅花村、农林上路、农林下路、马棚岗、启明路一带。

4. 东山区　指广州市属下的一个行政区（已并入越秀区），范围是东起广州大道，西至北京路，北抵先烈路/环市路，南临珠江。

附录四：20世纪五六十年代东山商铺示意图

作者：雷鸣夏　时间：2018年5月

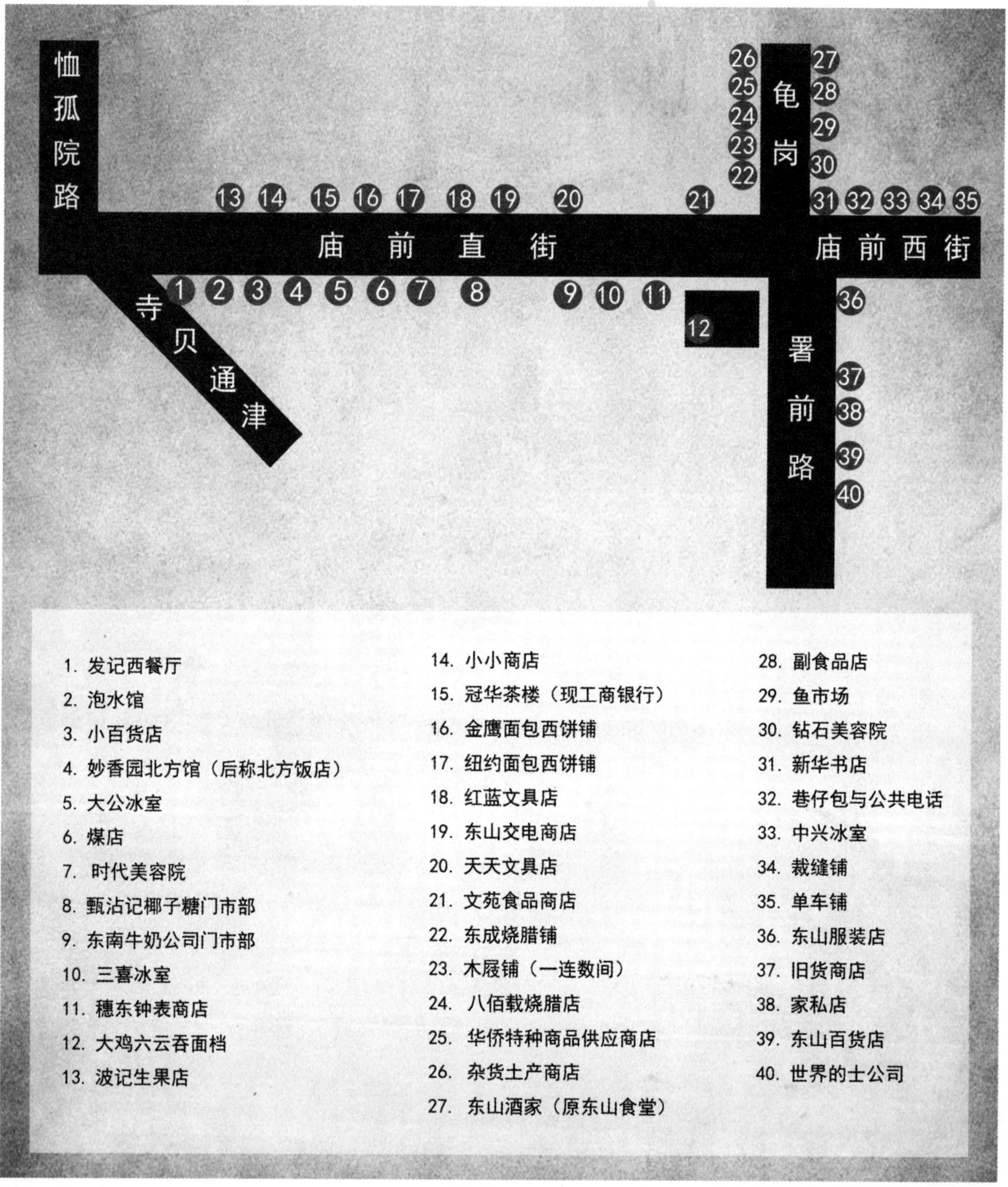

1. 发记西餐厅
2. 泡水馆
3. 小百货店
4. 妙香园北方馆（后称北方饭店）
5. 大公冰室
6. 煤店
7. 时代美容院
8. 甄沾记椰子糖门市部
9. 东南牛奶公司门市部
10. 三喜冰室
11. 穗东钟表商店
12. 大鸡六云吞面档
13. 波记生果店
14. 小小商店
15. 冠华茶楼（现工商银行）
16. 金鹰面包西饼铺
17. 纽约面包西饼铺
18. 红蓝文具店
19. 东山交电商店
20. 天天文具店
21. 文苑食品商店
22. 东成烧腊铺
23. 木屐铺（一连数间）
24. 八佰载烧腊店
25. 华侨特种商品供应商店
26. 杂货土产商店
27. 东山酒家（原东山食堂）
28. 副食品店
29. 鱼市场
30. 钻石美容院
31. 新华书店
32. 巷仔包与公共电话
33. 中兴冰室
34. 裁缝铺
35. 单车铺
36. 东山服装店
37. 旧货商店
38. 家私店
39. 东山百货店
40. 世界的士公司

一座装饰意味浓厚的东山洋楼（雷鸣夏摄）

鸟瞰三育路洋楼（曹新韵摄）

跋一

手捧这本厚厚的《记忆东山——老洋楼里的人和事》，我的心中满怀欣慰——多年前的心愿，今天终于实现了。

2008年，《新河浦历史文化保护区保护规划》荣获第九届世界大都市奖。正是那一年，我从小东园居委会调到新河浦居委会任党委书记。时光荏苒，白驹过隙，不知不觉在这里工作了十年。犹记得初来时，我首先面临走访入户的困难。当时大多数居民对居委会也不熟悉，我们想进侨房做工作，只能站在门外扯着嗓子喊门。为了打破隔阂，我和我的小伙伴们摸着石头过河，一步一步往前走：记录每一个门牌，走访每一户家庭，大家共同解决一个又一个的社区问题。渐渐地，原来陌生的社区变成了"熟人社区"，大家就像生活在一个大家庭里，而我也爱上了这个小河清澈、绿树成荫、花开艳丽、邻里情浓的社区。

而今，东山俨然已是文艺青年们的"打卡胜地"，穿行巷中，总能见到一批批在镜头前定格快乐的潮男潮女。不知他们有多少人知道，这个民国广州最摩登的地区，是由哪些人建设起来的？他们都是些怎样的人？发生过怎样的故事？

在我走访社区侨房老人的过程中，这些问题的答案从他们的讲述中慢慢浮现、清晰，一代华侨艰苦创业的情景如在眼前。那些历尽艰辛的海外游子无论怎么苦，怎样勒紧裤腰带也想着要让国内的亲友有房住、有饭吃。往昔的浓浓桑梓之情，总令我感动不已。100多年前，在外飘零多时的游子叶落归根，结庐东山，加之教会的熏陶和培正的教育，造就了一代风度翩翩、至今仍为人们津津乐道的"东山少爷"。东山，亦渐渐成为风云际会之地——我国的第一架飞机在此组装，中共三大在此召开，第一次国共合作在这里建立……这里，走出过太多传奇人物，发生过太多的传奇故事，让我萌生做社区口述史念头的，却源于我遇到的一件事、一个人和一个现象。

先讲一件事。有一次，新河浦三横路的一栋侨房阳台发生了断裂，这位业主特别喜欢祖上留下的这栋房子，要求修旧如旧，可就是找不到合适的施工队。最后，他来到居委会寻求我们帮忙。有见及此，我马上联系了华南理工大学的专家，请他们为这栋房子出一份建筑报告。报告详细地列出了该民国建筑的各种细节，让我大开眼界。我忍不住想：如果辖区里的每栋楼，都能有这样的一份建筑报告，该是多好的一件事。

再说起一个人，那是家住新河浦的周宽至老师。一个偶然的机会，我拜读了她主编的新河浦画册，才恍然发觉，原来早在20世纪90年代，周老师就在新河浦涌边找老居民聊天，用文字和摄影记录过这里的人文建筑。为自己社区做口述历史的共同心愿，让我们不约而同地走到了一起。我们计划着到每户居民家中收集素材，还注册了微博号。只可惜种种原因，这项工作遗憾地被搁置了下来。

还有一个现象。我在对新河浦社区居民的走访中了解到，新河浦的侨房十之有七竟已被转让，仅余十分之三的侨房后代在此居住。他们或远渡重洋，或走向衰老，每一年，都有熟悉的街坊离我们而去，那些珍贵的记忆也随他们而去。面对这种状况，我真恨不能把他们的记忆都留下来，由此立下了为新河浦居民记录他们故事的初心。

做口述历史的路是漫长而艰难的，几年下来，与我们合作的团队也已经换到了第三批。直到2016年8月吴伟鹏老师找到我，让原本心灰意冷的我又看到了希望。今天，这本《记忆东山——老洋楼里的人和事》终于呈现在读者面前。一路走来，我要特别感谢东山街党工委的大力支持，感谢新河浦互助会的紧密配合，感谢街坊四邻的鼎力支持，感谢吴伟鹏志愿者团队的辛勤劳动。

在浩瀚的书海中，这本书也许很渺小，但我相信，总会有那么一个片段、那么一句话，会使你有所触动，因为书中的人和事，都是真实的、鲜活的。

三年前，我提出做口述历史的时候，谭天伟老师是第一个赞同的，可惜天不假年，一年后先生仙逝，本人谨以此书献给谭天伟老师。

“不忘初心，方得始终”，愿曾经发生在新河浦的那些美好故事得以继续流传；愿新河浦的后辈们，对他们起居生活的这个地方有新的感悟，继续安居于这个没有围墙的博物馆里，幸福和美，生生不息。

江琼

2020年6月

跋二

写了那么多前辈的故事，我也讲讲我的故事吧。

1985年我在中山一院出生，当时家父在广州师范学院工作，我有幸在培正中学度过了生命最初的几年，从此与东山结下了不解之缘。几年后培正中学收回校园，我家也随广州师院迁往桂花岗定居。但父母看重东山的教学资源，仍把我安排到培正小学就读，并让家住大沙头的外公照看我的生活，所以幼时外公便每天沿新河浦涌送我上学放学。那情景我至今记忆犹新——我贴在外公怀里，在他阔大的臂弯外，涌边的垂柳不断退后，天空中鸽子结队飞过……东山给我留下了关于美的最初的体验，以致后来好几次母亲要把我接回桂花岗时，我都哭闹不止，最后在她的生拖硬拽之下才勉强就范。也许她不知道，在我的心中，故园情结早已生根发芽。

中学之后，我便长居于桂花岗了，这时每天放学的路已不是小河清澈、绿树成荫的新河浦，而是机声隆隆、烟尘滚滚的环市路。我每天屏住呼吸使劲踩着脚踏车，却似乎怎么也冲不出周围的一片灰霾。当我以为东山已离我很远的时候，那红砖墙上的一抹暖阳、碧绿河涌的一片树荫，总是不期然地进入梦中。也许，早年生活的环境，已在某种程度上决定一个人的审美格调及其对幸福的直接感悟。

后来每逢路过东山，我都会四处逛逛。当我穿梭于红砖绿瓦间，徘徊在寂静巷陌时，美好的回忆又一一浮现，生命又仿佛立即回到了原点，在外面的一切烦闷也都烟消云散了。

2016年初，我在启明路的吕苑参加一场聚会，一位租户告诉我新河浦居委想收集居民口述史，我听后顿感机会难得：一来我对普通人的故事充满好奇，自己以前也曾在恩宁路做过口述史；二来东山可算是我的精神故乡，某种程度上探寻东山也是追溯自我的过程。于是第二天我就到了新河浦居委，向居委会的江琼书记毛遂自荐。关于此事我们几乎一拍即合，于是便由居委会向我们介绍熟悉社区历史的长者，我则负责组织团队进行访谈。口述史项目开始时，我们的访谈对象只限于新河浦社区居民，后来逐渐拓展到整个东山。

当我走进一位位“东山少爷”的家中，聆听他们对东山一景一物的回忆以及漫长人生中的见闻、体悟时，我惊讶于如此珍贵的记忆竟无人记录。这于社区是一种遗憾，但于我却是一种幸运。从一位位长者的口述中，一代代华侨的漂泊与奋斗、一代代青年的风采与喜忧，一一浮现眼前。我相信有心人自可从本书中觅得关于广州华侨史、革命史、教育史、城建史、宗教史、风俗史等方方面面的素材。这些素材如一块块拼图，组成了一幅旧日东山的图景，它是中国不断进步的生动缩影，从中人们能看到百年前中国人的理想和奋斗。

口述历史，是让城市留住乡愁、让历史建筑留下“身世”的有效方式。访谈团队怀着和时间赛跑的紧迫感与为史存证的责任感，尽可能翔实、客观地记录下每位访谈对象的讲述。本书的编写历时两年有余，凡14万余字。文章分为三类，一类是街坊本人的供稿，对于此类文稿，我们基本上保留文中的精粹；一类是志愿者对街坊的访谈，我们这类访谈录在尽量保留受访者原话的基础上，删去受访者不愿公开的部分，并把部分口语转为便于阅读的书面语；还有一类是根据访谈录整理的回忆文章。为保证文章的真实性，全书采用的文章均经过受访者的亲自校对，所有访谈录音、录像和原始文件也均已保存于居委所属的非公开网盘中。

本书引用了某些网络图片，版权持有人如有异议，请与作者联系。

非常有幸能参与编著本书，期待大家的宝贵意见！

吴伟鹏

2020年6月

藝術館

鸣 谢

《记忆东山——老洋楼里的人与事》历时两年多终于编写完成。本书的编写离不开社会各界朋友的鼎力支持，在此谨向所有帮助和指导过我们的各位朋友致以最衷心的感谢！

感谢新河浦社区居委会书记江琼发起了新河浦社区口述史项目，并热情为我们介绍了众多街坊进行访谈；感谢广州市政协原主席陈开枝先生为本书撰写了精彩的序言；感谢东山街道办为访谈团队提供了前期的经费补贴；感谢新河浦社区互助会为访谈团队垫付了部分录写费用；感谢所有接受访谈的街坊，他们是曹国裕、伍卫能、黄新穗、梅国强、林昕、刘一贯、刘锦博、唐启望、麦尔根、陈向东、陈宗蕴、朱汝耀、陈玉儿、周松、程炬、甄婉华、曾渝杭、刘渭生、赵焕然、程奋鲲、赵国伟、周宽至、何竟迅、韩小江、郭焕章、郭振山、杨霞、黄卫红、叶继驹、姚荣根、徐旭宽、梁秀珍、陈少达；感谢为本书供稿的各位朋友，他们是李锐、梁平如、陈向东、卢小平、黄佚群、梁天夏、林山、叶嘉良、杨智文、叶源源、老何；感谢参与访谈的志愿者，他们是张启斌、郑维安、陈劲佟、卢小平、周俊生、钟伟君、梁致远、冯燕婷；感谢帮忙整理稿件的各位志愿者，他们是周俊生、曲寒、郭婉玉、梁致远、梁天夏、孙淑冰；感谢提供摄影与录像服务的志愿者，他们是钟伟君、傅盛恩、王晓乾、曹新韵；感谢帮忙把音频转成文字的志愿者，他们是冯燕婷、胡泳珊、黎倩婷、李欣亮、林敏知、卢惠慧、卢嘉欣、卢雪儿 、陈川、江林、周典慧；感谢为本书出版提供宝贵建议的朋友，他们是温惠华、梁健华、龚伯洪、周宽至、虞洋铭、余国华、常青、陈嘉盈；感谢为本书提供插图的王受之先生和吴墨林先生以及为本书提供封面排版的林芸女士；感谢觉园1984、东山环悦空间、逵园艺术馆为我们采访提供了绝佳的场所；感谢钟伟君、伍克能与伍卫能兄弟和广州翔华建筑安装有限公司为本书的出版提供了赞助；感谢南方日报出版社周山丹社长对本书出版的大力支持，感谢方明、杨柳青、裴晓倩的悉心编辑和校对，以及刁俊锋、黄隽琳和佃燕婉的用心设计。对于一些不愿留名的支持者和赞助者，我们在此一并深表谢意。（以上排名不分先后）

有了以上众多朋友的支持，这段濒临流逝的东山历史得以保存。水平有限，书中错漏在所难免，期待读者们为我们提供宝贵意见以及更多的访谈线索。我们相信一定还有更多精彩的东山故事尚待发现和整理，希望本书的出版仅是一个开始，期待能起到抛砖引玉的作用。

愿东山静美如昔，愿东山故事代代相传！

吴伟鹏　雷鸣夏　何志达　陈梦醒

2020年6月